Arquivos Psíquicos
do Egito

Hermínio C. Miranda

Arquivos Psíquicos do Egito

© 1994 Hermínio C. Miranda

Direitos de publicação cedidos pelo autor ao
Instituto Lachâtre
Rua Dom Bosco, 44, Mooca – CEP 03105-020
São Paulo – SP
Telefone: 11 2277-1747
Site: www.lachatre.org.br
E-mail: editora@lachatre.org.br

Capa
Andrei Polessi
(Detalhe do sarcófago do Tutankamon, Museu do Cairo)

4ª edição – 2000 exemplares – abril de 2019
Do 14.001 ao 16.000

Esta obra foi impressa pela Assahi Gráfica e Editora, São Bernardo do Campo, SP, em formato fechado 155x225mm e mancha de 120x185mm. O texto principal foi composto em Berkeley 12,6/13,8, com as citações em Berkeley 11/13,2. O papel utilizado no miolo do livro foi o Off-set 75g/m2 e, na capa, o Cartão Supremo 300g/m2.

A reprodução parcial ou total desta obra, por qualquer meio, somente será permitida com a autorização por escrito da Editora.
(Lei nº 9.610 de 19.02.1998)

Impresso no Brasil
Presita em Brazilo

CIP-Brasil. Catalogação na fonte

M642a Miranda, Hermínio C., 1920-2013
Arquivos psíquicos do Egito / Hermínio C. Miranda – São Paulo, SP: Lachâtre, 2019.
   176 p.

1.Egito. 2.Espiritismo. I. Título.

CDD 133.9   CDU 133.7

Sumário

Uma história paralela. 7
Introdução, 13
1. O perfil de um projeto, 16
2. A Senhora Ninguém, 20
3. Uma história 'indigesta', 27
4. A princesa babilônica, 33
5. O contexto histórico, 38
6. Akenaton, faraó, poeta e teólogo (herético), 49
7. Tiy, a Grande Esposa Real, 67
8. Como se falava egípcio?, 76
9. A mediunidade como instrumento de pesquisa histórica, 86
10. A rainha 'morta' e os egiptólogos vivos, 96
11. Lady Nona grava, em egípcio, "naquele objeto de metal", 110
12. A 'ousada' proposição, 124
13. Vola/Rosemary/Ivy Beaumont, 131
14. Rosemary vai ao Egito e o 'onde' se transforma em 'quando', 138
15. Nona fala sobre o Cristo, 149
16. A revelação linguística e a realidade espiritual – 1, 158
17. A revelação linguística e a realidade espiritual – 2, 166
Notas bibliográficas, 171
Referências, 175

Uma história paralela

Naquela madrugada de maio de 1994, acordei, impressionado pelo sonho extremamente nítido que acabara de ter. As personagens, a região e a época a que o sonho me remetia jamais me haviam despertado maior atenção e, embora os nomes me parecessem distantemente familiares, não conseguia identificá-los em meus registros mnemônicos. Mas as cenas do sonho permaneciam gravadas em minha memória com tal precisão e realismo que me davam a 'ilusão' perfeita de que as acabara de vivenciar. Cerca de três horas da manhã, lá estava eu, agitado e insone, consultando um dicionário enciclopédico para tentar provar a mim mesmo que a história que acabara de viver não passara de uma ilusão, uma dessas brincadeiras que o nosso inconsciente se compraz em nos pegar. Mas o nome da personagem com quem acabara de dialogar, para surpresa minha, não apenas lá estava, mas todo o contexto histórico parecia pertinente ao que havia visto no sonho. Tentei reviver, em minha mente, pois é como procedo para que um sonho permaneça na minha memória posteriormente, cada detalhe que havia vivenciado.

Eu estava num grande salão, com paredes de pedra, pouca claridade, que me parecia provinda de uma porta aberta para a luz do dia e de uma ou outra tocha presa à parede. À minha frente, uma mulher de beleza incomum, de pele vermelha, quase negra, cabelos lisos e negros, rosto delgado e formas femininas perfeitas, narrava-me a tragédia que se abatera sobre sua vida. Era Nefertite, a rainha do Egito, esposa do faraó Akenaton. Contava-me, angustiada, que sofria imensamente o isolamento que fora imposto ao marido, a quem amava verdadeiramente e que não mais conseguia encontrar. Akenaton, continuava ela em sua narrativa, havia feito uma grande revolução religiosa em seu país, instaurando a crença numa única divindade, Aton, que seria representada pelo disco solar. O povo egípcio, antes que seu marido ascendesse ao trono, acreditava em muitos deuses e a classe sacerdotal havia conquistado grande influência. Os cultos e rituais, além de prestígio, garantiam riqueza aos sacerdotes. A crença sincera num único Deus e a firme resolução do faraó em torná-la crença geral havia sido a razão para que a classe sacerdotal realizasse um golpe para pôr fim àquela situação. O faraó foi afastado do poder e isolado.

Aquele depoimento da rainha era, vez por outra, interrompido por alguma de suas serviçais, mulheres que usavam apenas um saiote, se é que posso chamá-lo assim, que andavam com os bustos desnudos e, malgrado minha presença, prosseguiam em seus afazeres no palácio. Lembro-me bem de uma que, carregando água numa pequena bacia, que me parecia feita de um reluzente cobre, ofereceu-a a Nefertite para que lavasse as mãos e as secasse numa toalha trazida por outra serviçal.

Em determinado momento, a rainha disse que, devido ao vácuo no poder causado pelo afastamento do faraó e para que as nações vizinhas não percebessem as dificuldades por que passava o país, era preciso dar demonstrações de poderio militar, inibindo reações internas e externas. Chamou-me, então, para o que me parecia uma sacada, no canto do salão por onde entrava a luz externa. Fiquei maravilhado, ao chegar à sacada e perceber que estava num imenso palácio. Pude contemplar as magníficas construções ao redor e, lá embaixo, as tropas egípcias a marcharem por uma larga avenida, com os soldados carregando lanças e estandartes, sob a admiração do povo.

Não fosse pelo realismo intenso do sonho, ele me parecia completamente desconectado da minha realidade, pois se referia a uma história que nunca despertara minha atenção, da qual, por isso mesmo, conhecia praticamente nada, e estava fora de minhas cogitações diárias, envolvido que eu estava em mais um dos meus recomeços como editor, em mais uma empresa que estava iniciando suas atividades. Não cheguei a realizar nenhuma pesquisa mais profunda que pudesse comprovar a realidade daquela história. O tempo não me permitia.

Na semana seguinte, já sem dar maiores atenções àquele sonho, recebi uma ligação de Hermínio Miranda, a quem habituei-me a chamar por professor, não apenas porque de fato tem sido responsável por boa parte do que tenho aprendido, mas igualmente porque desconheço elogio mais valioso. Como o cargo de professor consta em seu currículo numa vida em que auxiliou de maneira decisiva o movimento da reforma protestante (quem sabe não iniciei por lá meus estudos do grego...), ele educadamente aceita a titulação.

Naquele dia, ele me chamava para entregar-me um original que havia acabado de escrever e sobre o qual nunca me falara antes. Fui pego de surpresa, porque, em geral, ele me mantém informado a respeito dos seus trabalhos e, sempre que possível, tento auxiliar-lhe, procurando obras que possam facilitar a sua pesquisa. Mas não foi o que aconteceu daquela vez.

Fui a sua residência na primeira oportunidade, quando recebi os originais de *Arquivos psíquicos do Egito*, um disquete e uma cópia em papel, com algumas anotações à mão que o próprio autor fizera. Comecei, ainda a caminho da editora, a ler o texto, que logo me interessou. Prossegui, assim que cheguei à empresa, a sua leitura. Estava só e completamente entretido naquela narrativa, quando me surpreendi com a presença de alguém de pé, atrás de mim. Foi um grande susto, pois sabia que estava só. Virei a cabeça rapidamente para trás para ainda conseguir ver um soldado, postado como sentinela, com uma lança na mão direita, o torso desnudo e vestido apenas com um saiote. Ele permaneceu imóvel, indiferente ao meu susto. Logo a visão se desvaneceu e procurei entender o que estava acontecendo. Até aquele momento, o sonho havia ficado esquecido, mas a aparição de um soldado com o mesmo uniforme que vira no sonho, no momento em que estava lendo o livro sobre o Egito, provocou-me o *insight* de que as três coisas estavam interligadas – sonho, livro e aparição.

A história narrada nesta obra, como os leitores poderão comprovar, tem como pano de fundo a que eu ouvira no sonho, da boca da própria Nefertite. A presença daquele guardião egípcio, se não foi vista objetivamente por mais ninguém, trouxe ao ambiente, sempre muito agitado e barulhento, da editora, durante todo o período em que a obra foi trabalhada, o silêncio sagrado de um templo, o que me deixou profundamente perplexo pela capacidade dessas entidades de influírem em nosso ambiente físico. Tive também a impressão de que havia grande interesse desse grupamento espiritual em que a história ali contada se tornasse conhecida do grande público.

Telefonei ao professor Hermínio para narrar-lhe o que estava acontecendo. Ele achou muito curiosos os fatos e me perguntou se tinha ideia de quando a obra estaria disponível ao público. Hermínio havia acompanhado bem de perto o meu afastamento da editora antiga e a abertura da nova empresa; sabia que eu estava recomeçando e das dificuldades financeiras de se iniciar um novo projeto naquelas circunstâncias. Na verdade, esta é uma situação quase rotineira da editora, pois, não fossem os rendimentos recebidos das atividades profissionais que desenvolvo paralelamente, a editora não teria como publicar suas obras, uma vez que é cronicamente deficitária. Mas, depois dos fatos que me deram uma certeza muito grande da interferência dos espíritos ligados à obra e de seu interesse em que fosse publicada, respondi-lhe que esperava que ela saísse muito brevemente, pois 'eles' certamente haveriam de também disponibilizar os recursos. Eu só não esperava que da maneira tão rápida como aconteceu.

No dia seguinte, recebi um telefonema de meu irmão, que estava na Suíça em meio a um doutorado, que me disse que gostaria de passar o mês de junho conosco, no Brasil. Era a época da Copa do Mundo de Futebol, nos Estados Unidos, aquela em que o Brasil se sagraria tetracampeão. Ri muito, quando ele me falou que ficara deprimido, no primeiro jogo, pois, quando o time brasileiro fez o gol, os suíços gritaram – *But*! ('gol' em francês). – Ora, '*but*' parece mais vaia do que grito de gol – disse-me ele ironicamente. – Prefiro assistir aos jogos aí com vocês. Chego amanhã bem cedo. Vá me buscar. Ah – ele completou –, tenho algumas economias que gostaria que você guardasse contigo. Pode usá-las, por enquanto, pois só irei precisar delas quando definitivamente voltar ao Brasil, após o doutorado.

Fiquei mudo, a quantia era mais do que suficiente para os custos de produção e divulgação do novo livro. 'Eles' trabalhavam com eficiência e rapidez.

Bom, esta é a história paralela a este *Arquivos psíquicos do Egito* que gostaria de partilhar contigo, leitor, dez anos depois da primeira edição da obra, para demonstrar a integração do mundo espiritual com o nosso e o envolvimento dos espíritos com todo o processo de preparação do livro, desde quando é escrito até chegar à sua mão. Provavelmente você também terá alguma história para contar das coincidências que o levaram a ler esta obra.

Alexandre Rocha
Trajano de Morais, 10 de julho de 2004.

Introdução

Ainda que timidamente e a espaços, começa a despertar a consciência de que os mais amplos e confiáveis arquivos da história não são os documentos de pedra, cerâmica, papiro e pergaminho, mas os que se preservam no psiquismo humano. Enquanto aqueles se deterioram com o passar do tempo e chegam aos pesquisadores – quando chegam – fragmentados, ilegíveis, e, às vezes, indecifráveis, a memória é indelével e desafia os milênios.

No psiquismo de todos nós estão gravados para sempre as vivências passadas no anonimato das plateias ou sob os holofotes da ribalta, fazendo história, em vez de apenas assisti-la.

Por que, então, tem sido tão pouco explorada a alternativa da consulta aos arquivos invisíveis, onde a verdade histórica é testemunho vivo e não fria e morta versão confiada a textos, desenhos, vasos e monumentos?

É que o acesso aos registros secretos pressupõe não apenas a aceitação da realidade espiritual, como exige suficiente competência na manipulação dos sofisticados mecanismos que protegem o fabuloso banco de dados que cada um trás em sua intimidade.

Consiste a realidade espiritual num conjunto de conceitos que grandes segmentos da cultura contemporânea ainda rejeitam ou admitem parcialmente, sem a convicção que os incorporaria às vivências do dia-a-dia. Tais conceitos ensinam que somos todos espíritos sobreviventes, imortais, reencarnantes, temporariamente acoplados a um corpo físico, que serve de instrumento de trabalho em nossos estágios na matéria densa; que uma vez descartado o corpo físico, pelo processo natural da morte, o ser passa a uma dimensão invisível, na qual continua a viver em outro corpo infinitamente mais sutil. Desse plano vibratório, podemos, sob condições especiais, estabelecer um sistema de comunicação com aqueles que continuam prisioneiros da matéria. É o eterno diálogo entre os chamados 'mortos' e os 'vivos'. Em verdade, vivos somos todos, aqui ou na dimensão póstuma. Por outro lado, como as vidas se encadeiam sucessivamente, nascemos, morremos e renascemos ciclicamente, em diferentes contextos históricos, geográficos, culturais, sociais e econômicos, numa extraordinária diversificação de experiências enriquecedoras. Tais experiências vão-se lentamente depositando em camadas psíquicas, que poderão, em tempo futuro, ser exploradas por processos semelhantes aos da arqueologia, numa penetração cada vez mais profunda através dos inúmeros estratos mnemônicos. Com a vantagem de que, em vez de investir tempo, dinheiro, esforço e erudição na decifração de fragmentos e indícios mudos, as camadas 'geológicas' da memória são lidas, ao vivo, pelo próprio ser que nesses arquivos secretos registrou suas experimentações com a vida, ou melhor, com as suas vidas.

Selecionamos para este livro uma dessas experiências pioneiras, realizada entre 1927 e 1937, na Inglaterra, quando o dr. Frederic H. Wood, assessorado pelo prof. Howard Hulme, assistiu ao 'milagre' de ouvir a remota língua dos faraós falada pela boca da sensitiva Rosemary. Os hieróglifos deixavam de ser mudos.

Em outro episódio mais recente – ver, a propósito, meu livro *Sobrevivência e comunicabilidade dos espíritos*, edição FEB –, o dr. Andrija Puharich teve acesso a camadas mnemônicas onde se documentava um pouco da obscura história da 4ª dinastia egípcia, há mais de quatro mil anos. Chegou àquele passado esquecido, com o passaporte fornecido pelo chamado cogumelo sagrado, a amanita muscaria.

Aproveitamos o ensejo para lembrar dois outros bem documentados estudos sobre a mesma temática: as pesquisas do arqueólogo Frederick Bligh Bond, na abadia de Glastonbury, na Inglaterra e, mais recentemente, as de seu colega dr. Jeffrey Goodman, em Flagstaff, nos Estados Unidos. O estudo sobre Glastonbury consta do livro *As mil faces da realidade espiritual*, publicado pela Edicel.

Lembramos, ainda, nossa pesquisa pessoal, em 1967, quando, regredido no tempo, o jornalista brasileiro Luciano dos Anjos encontrou, numa das camadas da sua memória, o arquivo completo e intacto de sua vivência na França revolucionária. Desse trabalho resultou o livro *Eu sou Camille Desmoulins* (Instituto Lachâtre), que escrevemos de parceria, após exaustivas pesquisas em textos regulares de história.

Cabe acrescentar, para encerrar esta breve introdução, que os drs. Wood, Puharich, Bligh Bond e Hans Holzer socorreram-se do psiquismo de pessoas 'mortas', ou seja, espíritos, enquanto a arqueologia psíquica que nos desvelou alguns segredos e minúcias da Revolução Francesa, foi realizada na memória profunda de um ser 'vivo' (Luciano dos Anjos), que nos proporcionou o privilégio de falar com uma pessoa tecnicamente morta há cerca de 180 anos (Desmoulins), uma de suas próprias vivências passadas.

Estamos identificando, portanto, um procedimento alternativo e complementar para a pesquisa histórica que propõe um mergulho arqueológico nos arquivos psíquicos da humanidade, tão ricos e, até agora, tão pouco explorados.

Rio, Inverno de 1994 / HCM.

1 O PERFIL DE UM PROJETO

Frederic H. Wood, titular de um doutorado em música, sentiu todo o impacto da trágica morte de seu irmão – que, com característica discreção britânica, ele identifica apenas pelas iniciais JDW –, vitimado por um acidente de rua, também não explicitado, em Londres, no decorrer da primeira década do século vinte. Se é que JDW ainda existia em alguma dimensão desconhecida, pensou o dr. Wood, "eu o encontraria, não admitindo que nenhum preconceito religioso ou de qualquer outra natureza me impedisse de fazê-lo".

Foi com essa determinação que ele deu início à busca, recorrendo aos melhores médiuns da cidade, que, sem falsa modéstia, ele considera os melhores do mundo. Não deixa, aliás, de ter alguma razão nisso. Já que estamos num momento de hipérboles, poder-se-á dizer que Londres era, àquela época, e o seria por muito tempo ainda, uma espécie de capital da mediunidade, que ali alcançou notável difusão, mesmo antes que Allan Kardec, na França, montasse as estruturas da doutrina espírita. Em contraste com o espiritismo, termo proposto por Kardec para identificar a nova leitura da realidade espiritual, o espiritualismo britânico priorizava a fenomenologia mediúnica, sem muito interesse pelos aspectos filosóficos e religiosos decorrentes. Essa postura, que, de certa forma, persiste, influenciou o relacionamento com o mundo espiritual que se difundiria por toda parte, especialmente na Europa e nos Estados Unidos. O modelo proposto nas obras de Kardec, por sua vez, encontraria ampla acolhida no Brasil e, mais tarde, em outros países latino-americanos, mas escassa atenção das elites culturais europeias e americanas.

Em consequência da ênfase atribuída ao mediunismo, verificou-se notável proliferação de médiuns, especialmente mulheres, que se profissionalizaram com a finalidade de atender a uma ávida e crescente clientela.

Não têm estas observações intenção crítica ou conotação depreciativa. O espiritismo prefere a mediunidade não-remunerada, por entender, como ensinou o Cristo, que deve ser dado de graça o que de graça recebemos. É necessário ressalvar, ainda, que, mesmo a despeito da profissionalização da mediunidade, a Inglaterra sempre contou com médiuns responsáveis e bem dotados. Não há dúvida, porém, de que o hábito de remunerar o exercício das faculdades mediúnicas suscita inevitável clima de mercantilização que atrai aventureiros e exploradores interessados apenas no dinheiro. E isto introduz, na prática, indiscutível fator de risco quanto ao grau de pureza e à segurança da mediunidade.

Seja como for, o dr. Wood procedeu com as cautelas necessárias, estabelecendo critérios que lhe garantissem acesso a médiuns de boa reputação junto às tradicionais instituições espiritualistas britânicas. Um desses cuidados era o de jamais identificar-se previamente, ao marcar suas 'consultas', a fim de não contribuir com alguma indicação pessoal que criasse qualquer possibilidade de fraude da parte de médiuns inescrupulosos e garantir a confiabilidade das informações que conseguisse obter.

Sem grandes dificuldades, ele estabeleceu contato com o espírito de seu irmão, de cuja identidade certificou-se de maneira inteiramente satisfatória para ele. Acabaria sabendo que o próprio irmão desencarnado trabalhara, na dimensão espiritual, para atrair seu interesse para o assunto.

Foi assim que o dr. Wood iniciou a tarefa da pesquisa psíquica e estudou, no seu dizer, "muitas fases da mediunidade". É também de seu depoimento que o irmão ensinou-lhe muitas coisas e o ajudou de várias maneiras, "durante os anos difíceis da Guerra". (Pensava-se, à época em que o dr. Wood publicou seu livro – 1935 –, que o conflito que ensanguentou a Europa entre 1914 e 1918 seria uma espécie de "guerra para acabar com as guerras", quase que uma guerra santa. Daí a razão pela qual a palavra figura em maiúscula no texto do dr. Wood. Aquela teria sido A Guerra, também chamada A Grande Guerra ou Guerra Mundial, certamente a última, pois não era de imaginar-se que, diante de tantos horrores, a humanidade viesse a recorrer novamente à selvageria, com o propósito de resolver divergências políticas internacionais.

Lamentavelmente, não foi a última, nem a maior. Pouco depois da publicação do livro, o planeta mergulhou em outro conflito insensato e ainda mais sangrento, de vez que a técnica de matar por atacado havia sido aperfeiçoada. Em 1939, a Alemanha invadiu a Polônia e começou tudo de novo. Para distinguir uma da outra, atribuiu-se à chamada Grande Guerra, o número 1 e à de 1939, o número 2, enquanto se ficava na expectativa da terceira.)

Quanto aos ensinamentos que o dr. Wood declara ter recebido de seu irmão, como também de seu 'falecido' pai, o reverendo HW, encontramos alguns exemplos em comunicações parcialmente transcritas. Teremos oportunidade de comentá-las alhures, neste livro, para dizer porque nem sempre podemos concordar com o que dizem esses espíritos, bem como o da própria Lady Nona, figura principal de toda a obra do dr. Wood. Devo, ainda uma vez, lembrar ao leitor que não estou expressando rejeição ao fascinante e competente trabalho do dr. Wood, mas temos, sim, restrições a certas posturas e ensinamentos das entidades que participaram da importante tarefa de demonstrar ao mundo como se falava a língua egípcia.

Percebe-se por trás de todo o trabalho relatado pelo autor, o vulto de um projeto a evidenciar meticulosa programação elaborada por um grupo de espíritos incumbidos de levar a bom termo essa valiosa tarefa. JDW contribuiu com sua parte, induzindo o irmão, ainda encarnado, a interessar-se pela fenomenologia mediúnica e, por via de consequência, pela realidade espiritual como um todo. Outro aspecto, no qual identificamos o claro indício de um planejamento global, está no fato de que tanto o dr. Wood, como Rosemary, a médium, tinham formação musical. A música não apenas os reuniu no plano físico como um de seus interesses comuns, mas seria relevante fator no andamento da pesquisa, como veremos. O dr. Wood recolheria, ao longo dos anos, precioso material subsidiário, ao recuperar para a nossa época um pouco da perdida memória musical do Egito dos faraós, transcrevendo para a pauta canções populares da época, cantadas por Rosemary em transe.

Note-se, ainda, que o dr. Wood contava apenas com a instrumentação de seus apurados ouvidos para captar e registrar foneticamente as palavras que Lady Nona passava para a sua médium, dado que não havia gravadores de som como hoje. O máximo que se conseguiu, na época das pesquisas, foi gravar em disco, nos rudimentares 'gramofone' de então, duas sessões com o espírito manifestante, no International Institute for Psychical Research, de Londres, sob a direção do dr. Nandor Fodor, autor da *Encyclopaedia of psychical research*.

Estamos, contudo, falando de Rosemary e de Lady Nona sem as haver apresentado ao leitor, como exigem as boas normas da etiqueta, especialmente a britânica. É o que faremos a seguir.

2 A Senhora Ninguém

Já estava o dr. Wood habituado ao intercâmbio com os seus amigos espirituais, principalmente com o irmão desencarnado, quando conheceu Rosemary, jovem, bonita, inteligente e dotada de talento musical, mas sem nenhuma experiência com fenômenos psíquicos, sequer interessada no assunto. Encontravam-se com frequência, creio que por motivações profissionais, que o dr. Wood, sempre parcimonioso na informação pessoal, omite discretamente, como também omite o nome verdadeiro dela – Ivy Beaumont –, cuja identidade ficou protegida pelo pseudônimo Rosemary.

No final de 1927, a moça foi surpreendida por inusitado fenômeno: sua mão escrevia como que por conta própria, sem que, do ato, ela participasse conscientemente. Sabedora de que o dr. Wood estava familiarizado com a questão, resolveu contar-lhe o que se passava e pedir sua opinião a respeito. Em suma, Rosemary era médium psicógrafa, ou escrevente, segundo a terminologia proposta por Allan Kardec.

Pela sóbria narrativa do dr. Wood, o leitor acaba percebendo que ele não estava tão familiarizado com o fenômeno mediúnico como seria de supor-se. Faltava-lhe, provavelmente, o conhecimento teórico que teria encontrado, por exemplo, nas obras que compõem a codificação espírita elaborada por Allan Kardec. Isto se depreende do fato de que, nem o dr. Wood, nem a moça sabiam como proceder ante as primeiras manifestações e o que fazer delas. A mão da médium escrevia repetidamente o nome Muriel, a indicar a presença de uma entidade espiritual com esse nome, desconhecida de ambos.

Descobriram, então, que perguntas formuladas por eles "suscitavam respostas inteligentes através da mão dela". Foi assim que tomaram conhecimento de que Rosemary estava programada para algum trabalho especial de que não tinham, àquela altura, a mínima ideia.

Ficou decidido que o doutor e Rosemary se reuniriam regularmente, uma vez por semana, para ver no que daria aquilo. Ao cabo de um mês de experimentações ainda fragmentárias, Muriel informou, sempre pela psicografia, que estavam tentando preparar os dois para "importante missão". Sua tarefa, acrescentou a entidade, era apenas essa, dado que, terminada essa fase, alguém maior do que ela tomaria seu lugar para transmitir mensagens, cuja amplitude ela não tinha condições de avaliar.

Muriel permaneceu em contato com o dr. Wood e Rosemary cerca de um ano. Em outubro de 1928, anunciou psicograficamente:

– Está aqui um novo guia, cujo poder é muito grande. Ela se chama Nona e é uma dama egípcia dos velhos tempos.

Na sua primeira manifestação, logo a seguir, a nova entidade assinou o nome pelo qual ficaria conhecida daí em diante e acrescentou significativamente:

– Vocês terão de me aceitar em inteira confiança e testar-me não pelo que sou, mas pelo que eu fizer.

Era um bom começo. Muriel reassumiu o controle da médium e acrescentou que se tratava não apenas de um elevado espírito aquele, mas "muito poderoso"; que Nona parecia um tanto arredia, de natureza fria, mas que se assemelhava, na sua pureza, "à água cintilante da fonte".

Uma quinzena mais tarde, Nona compareceu novamente ao pequeno grupo e, desta vez, assumiu mais amplo controle da médium, manifestando-se por psicofonia, ou seja, falando diretamente, faculdade que pela primeira vez se revelava em Rosemary.

Foi longa a sua fala e em bom inglês, que o musicólgo registrou palavra por palavra. O autor considera essa manifestação um dos mais importantes pronunciamentos da entidade. Começava a formar-se o amplo arquivo que o dr. Wood organizaria ao longo dos anos de intercâmbio com Lady Nona e com outros amigos espirituais. Essa documentação serviu para elaboração dos seus três livros que, por sua vez, servem a nós para a pesquisa da qual resulta o estudo que o leitor tem em suas mãos. O doutor deu a esses registros o título genérico The Rosemary records, ou seja Os arquivos de Rosemary, que atingiriam, com o passar do tempo, a considerável extensão de vinte volumes, meticulosamente ordenados e preservados.

Os 'records' são constituídos por relatos manuscritos compilados pelo dr. Wood a partir do ocorrido em cada sessão realizada com Rosemary. Foram indexados por assunto, comentados em numerosas notas informativas e providos de um sistema de referência cruzada para facilitar a consulta. Acrescenta o dr. Wood[1] que, de mero hobby, o trabalho com os 'arquivos' passou a constituir a mais importante tarefa dele, em paralelo com a sua intensa atividade profissional.

Houve época em que sonhei com a possibilidade de examinar esse precioso acervo a fim de garimpar, eu mesmo, o material que porventura interessasse relatar, em vez de limitar-me ao que resultou das opções e preferências do autor, por mais interessantes que sejam, e o são, de fato. O que eu desejava era ir um pouco além, em busca de aspectos históricos, por exemplo, dos quais apenas uma amostragem, significativa mas limitada, é oferecida ao leitor. Compreende-se a validade dos critérios adotados pelo dr. Wood: ele desejou mostrar, prioritariamente, como era falada a misteriosa língua egípcia.

Convém explicar logo este aspecto, vital ao entendimento do problema que abordaremos em maior profundidade, no momento adequado, neste livro. Documentada em inúmeras inscrições gravadas na pedra ou em papiros, a língua egípcia ficara limitada aos seus grafismos. Como, no entanto, seriam faladas as palavras que aqueles símbolos representavam? – perguntavam-se os eruditos. Acresce uma dificuldade. Os caracteres egípcios, evoluídos a partir de pictogramas, não ofereciam espaço para as vogais, o que sempre dificultou sobremaneira a decifração de certas palavras importantes para entendimento dos textos.

Além disso, persistia o problema maior da pronúncia, não tão crítica à tarefa da tradução, mas, mesmo assim, importante lacuna no conhecimento da língua. Eruditos egiptólogos, antes e depois de Champollion, realizaram verdadeiros prodígios de competência e intuição na decifração de textos enigmáticos, reduzidos, muitas vezes, a meros fragmentos deteriorados pelo tempo ou deliberadamente mutilados. A grande chave que abriu para Champollion os segredos da misteriosa língua foi a Pedra Rosetta, hoje no Museu Britânico, na qual um texto oficial fora gravado em hieróglifos, em demótico e em grego, sendo esta última, obviamente, a de mais fácil abordagem. Mesmo depois dessa proeza intelectual, os sábios continuaram sem saber qual seria a pronúncia exata de numerosas palavras representadas naqueles símbolos. Foi essa a tarefa de que se incumbiu Lady Nona. É perfeitamente compreensível, portanto, o concentrado (e entusiasmado) esforço do dr. Wood no aspecto linguístico. Secundariamente, o interesse dele, como o de Rosemary, dirigiam-se para o aspecto musical, no qual apenas um ou outro leitor especializado poderá apreciar, como merece, o material coligido.

Daí – que me desculpem todos os componentes dessa equipe de seres responsáveis pelo projeto –, aquela coisa parecida com frustração que fica no leitor comum ou, pelo menos, ficou em mim, sustentada pelo desejo de saber mais e penetrar mais fundo na psicologia e no conhecimento daqueles espíritos. Mas não apenas isso, e também, porque a época a que se reporta Lady Nona é uma das mais ricas e controvertidas da história antiga, o ponto alto de uma das mais importantes dinastias faraônicas, a 18ª. Foi também o período das reformas religiosa, cultural e artística lideradas pelo faraó Amenófis ou Amenotep IV, mais tarde conhecido como Akenaton, que tantos debates e especulações tem suscitado entre inúmeros e eruditos egiptólogos.

Justiça seja feita: o autor se esforça em dar a sua contribuição nesse sentido, transcrevendo uma ou outra observação pessoal das entidades manifestantes ou comentando, ocasionalmente, aspectos que lhe pareceram mais relevantes, suscitados na sua fascinante tarefa de arqueologia da memória. Não obstante, como em tantas outras situações semelhantes, encontráveis em livros e relatos dessa natureza, ficamos com perguntas que não foram formuladas, dúvidas que não vimos esclarecidas e expectativas de conhecimento que não se concretizaram. Não sei se isso acontece com você que me lê agora, mas eu queria ter estado lá, naquele momento em que o diálogo com as entidades se desenvolve, a fim de elaborar perguntas, trocar ideias, fazer comentários, pedir esclarecimentos, participar de alguma forma do projeto, que constitui, basicamente, em entrevistar, ao vivo, gente que não apenas viu a história acontecer, como, em muitos casos, até ajudou a fazê-la.

A consulta aos 'arquivos' de Rosemary seria uma espécie de prêmio de consolação a que ambicionei, mas o plano exigiria tempo e dinheiro de que nunca pude dispor, talvez um ano em Londres e alguns milhares de libras esterlinas, depois de resolvido o pressuposto de que me fosse concedido o acesso à preciosa documentação. Imagino que o 'arquivo' esteja ainda à disposição dos pesquisadores, depois de preservados nele todos os informes coligidos pelo dr. Frederic Wood. Para que iria ele ter esse trabalho não fosse a intenção de deixar o testemunho do que ele considera, com toda razão, o milagre do resgate da "voz do Egito" dos faraós. Antes dele, o Egito estava mudo! Ignoro se, em mais de meio século desde a publicação dos livros do dr. Wood, algum pesquisador tenha estudado, como certamente merece, a documentação que ficou com o nome de Rosemary. Que eu saiba, nenhum egiptólogo de prestígio dedicou-se a essa tarefa, senão superficialmente e para contestar. O livro do eminente prof. Cyril Aldred, por exemplo, em *Akhenaten – pharaoh of Egypt*, considerado um clássico no gênero e publicado em 1968, não traz referência alguma ao dr. Frederic Wood e ao trabalho por ele empreendido com Rosemary e seus amigos espirituais.

Não nutro a tola pretensão de imaginar que eu pudesse ter substituído qualquer um desses eruditos de categoria internacional na interpretação do material; o que eu desejei foi conhecer, em toda a sua riqueza e minúcias, a preciosa documentação obtida pelo grupo do dr. Wood e de Rosemary, deixando os aspectos linguísticos para os especialistas. Eu, contudo, não estava no projeto. A mim coube trabalhar em áreas não tão fascinantes, mas não menos necessárias ao entendimento mais amplo da realidade espiritual. Como se costuma dizer, em inglês, a gente não pode, ao mesmo tempo, comer o bolo e ainda guardar o bolo para depois. Ou você o come ou o deixa para mais tarde...

Na fala inicial, Lady Nona passou para o dr. Wood algumas instruções preliminares, ao recomendar que ele procurasse manter-se em estado de "calma plácida", para que fosse possível utilizá-lo adequadamente no trabalho que tinham em mente e que exigiria "concentração física e espiritual". Para isso, ensinou a entidade, tornava-se necessário um procedimento depurador.

Falou, a seguir, de questões pessoais que, evidentemente, o autor não menciona, e acrescentou comentários, nos quais parecia prever dificuldades na condução do projeto, tanto na dimensão humana, no mundo material, quanto a possíveis interferências espirituais negativas, interessadas, como sempre, em perturbar qualquer trabalho construtivo. É que, como esclarece o autor pouco adiante, durante o tempo em que se ajustava a mediunidade de Rosemary – os franceses usariam a expressão *mise au point* –, com a supervisão de Muriel, houve das tais interferências indesejáveis, que ele classifica não de maldosas, mas provenientes de espíritos "não-evoluídos". Acrescenta o comentário pessoal de que, sob o poderoso controle de Lady Nona e demais entidades envolvidas no projeto, os encarnados – Rosemary e Wood – estariam "imunes". Não foi bem isso, porém, que lhes disse o espírito. Ficou dito que as entidades desarmonizadas não teriam condições de perturbar, "a não ser que você o permita", o que é coisa diversa.

Advertências nesse mesmo sentido haviam sido formuladas anteriormente. Dois meses antes de Nona manifestar-se, uma entidade mais evoluída do que Muriel avisara os encarnados nos seguintes termos:

– Você nem imagina quantas forças maléficas existem, ansiosas por se apoderarem de uma forte mão, como esta, capaz de escrever (psicografar). Não poderíamos proteger nosso médium sem organizar este grupo aqui. Vocês estarão em segurança enquanto se reunirem regularmente, nas horas indicadas por nós e fizerem sempre uma prece antes de começar.

Não havia, pois, garantia de 'imunidade'; apenas a proteção natural devida àqueles que se empenham devotadamente em trabalho digno e útil, sob a cobertura das boas intenções, da disciplina e da prece, ou seja, em sintonia fina com os planos superiores da dimensão espiritual.

Quanto ao trabalho em si, a orientação geral ficou expressa de maneira adequada, nos seguintes termos, que convém conhecer:

— Tenho muito a dizer-lhe, meu amigo — começou Nona. — Teremos muitos caminhos a percorrer juntos. Estou tomando conta desta menina (Rosemary). Vocês ambos têm o temperamento adequado para este tipo de trabalho. O que estamos procurando do lado de vocês, no momento, são instrumentos úteis e promissores. Vocês dispõem de muitos líderes decididos, que realizaram excelente trabalho no preparo e no despertamento das mentes a fim de que possam receber conhecimento ainda mais amplo da verdade. Ela terá de vir, mas a luta será grande.

Mas, afinal de contas, quem era Lady Nona? Iniciamos este capítulo com a intenção de apresentá-la e também a Rosemary, e acabamos mudando o rumo da conversa. Vamos, pois, tentar de novo.

UMA HISTÓRIA 'INDIGESTA' 3

No decorrer das primeiras manifestações, a entidade que se apresentara como Lady Nona revelou-se um tanto reticente acerca de sua verdadeira identidade. O próprio nome por ela escolhido e com o qual ficaria conhecida significava, segundo ela, algo assim como a senhora Ninguém. De certa forma, contudo, o anonimato revelou-se impraticável, em vista da natureza mesma da tarefa. Um espírito que se propõe a recuar trinta séculos a fim de resgatar o som da língua egípcia dificilmente poderia deixar de apresentar suas credenciais ou evitar que comentários e informações ocasionais de apoio acabassem por identificar, senão a personalidade vivida, pelo menos o contexto e, por conseguinte, a época a que se reportava. Foi bom, no entanto, que ela pedisse, logo de início, para ser avaliada pelo que fizesse e não pelo que era, como pessoa.

Dois meses depois da conversa inicial, não obstante, ela decidiu contar um pouco da sua história pessoal. O dr. Wood atribui tal deliberação ao fato de que, já àquela altura, a entidade percebera que "poderia confiar" nos companheiros encarnados. A suposição do autor me parece insustentável. Um projeto importante e complexo como aquele a que se propunham realizar e cujo sucesso estava na dependência do bom entendimento entre os diversos participantes não poderia ter ficado ao sabor de eventuais desconfianças. Em outras palavras, Lady Nona sabia muito bem com quem estava lidando e, em inúmeras oportunidades, deixaria subentendido ou explícito que todos ali se conheciam bem, de remotas experiências terrenas.

Parece, contudo, haver certo cuidado em não enfatizar mais do que o estritamente indispensável à doutrina da reencarnação. Há, entre eles, como que uma admissão tácita do processo reencarnatório, mas não uma clara postura de convicção ou, sequer, de aceitação. A médium Rosemary é identificada como a jovem escrava de nome Vola, que serviu junto a Lady Nona, no Egito. Estava, pois, reencarnada, tanto quanto o dr. Wood é identificado com

Rama, uma personalidade de relevo na corte faraônica, ao qual ambas as senhoras estariam ligadas por sólidos vínculos pessoais. A confiança de Lady Nona nos seus companheiros encarnados era irrestrita, como se demonstrou inúmeras vezes, no decorrer da longa pesquisa; não nasceu, portanto, umas poucas semanas após a primeira manifestação mediúnica da entidade, como imagina o dr. Wood.

O autor demonstra, por outro lado, estar bem consciente de que tem uma estranha e indigesta história a contar aos leitores nos seus livros, publicados, respectivamente, em 1935, 1937 e 1939. Nota-se sua constante preocupação em tentar responder, por antecipação, as críticas – que ocorreram, de fato –, com a intenção de convencer o público leitor de que, por mais fantástica que fosse para o gosto de muitos, a sua história era verdadeira. Seu argumento preferido estava apoiado no verdadeiro milagre de resgatar do total desconhecimento o egípcio falado há cerca de três mil anos, autêntica proeza histórica e linguística. Certo de que sua narrativa iria mexer com a cabeça dos seus contemporâneos, é provável que o autor tenha decidido – e também os espíritos manifestantes – minimizar a doutrina da reencarnação, que seria um complicador a mais num relato já de si mesmo de difícil aceitação naquele meio cultural, naquela época. Afinal, eram livros que cuidavam dessas 'fantasias' reencarnacionistas, pensavam muitos e pensam até hoje; não poderiam ser dignos da atenção de um intelectual respeitável, na civilizada Inglaterra do século XX. Ele precisava de razoável grau de credibilidade para o seu estudo, ou pelo menos a desejava, convicto como estava da importância da sua contribuição cultural.

Seja como for, a impressão que fica da leitura dos livros do dr. Wood é a de que ele próprio não estava convicto da validade da doutrina reencarnacionista, embora concordasse, em princípio, que ele pudesse ter sido Rama e Rosemary, a Vola, dama de companhia e confidente de Lady Nona. Ao que se depreende, ele entendia a reencarnação como condição meramente aleatória, voluntária, apenas para aqueles que o desejassem, por alguma especial motivação, não uma rotina cósmica necessária.

Essa tem sido, aliás, uma posição mais ou menos padronizada entre aqueles que se revelam pelo menos dispostos a considerar com alguma benevolência o conceito da reencarnação, em grande parte ainda rejeitado pela sofisticada cultura contemporânea.

Não faz muito tempo, aí pela década de 70, ainda se lia em Maurice Barbanell, o excelente jornalista britânico e médium de Silver Birch, que a reencarnação constituía "questão vexatória", por causa das controvérsias e incertezas que, a seu ver, a envolviam. A despeito da clara postura reencarnacionista da respeitável e sábia entidade que se apresentava através de sua própria mediunidade, como Silver Birch, Barbanell só mais para o fim de sua longa e proveitosa existência admitiu, relutantemente, a reencarnação como possibilidade aberta à livre escolha de cada um, não uma exigência do processo evolutivo, nem mesmo levando-se em conta as óbvias conotações cármicas implícitas no conceito. O argumento invocado é o de sempre, ou seja, que o ser progride também na dimensão espiritual, o que é verdadeiro, mas não suficiente.

Como sabemos, essa divergência de opiniões acerca da reencarnação existe também entre os seres desencarnados. Ao considerar tal aspecto, especialmente no "capítulo VI – Evolução e reencarnação", no livro *After thirty centuries*,[2] o dr. Wood lembra que não nos tornamos muito mais esclarecidos apenas porque nos descartamos do corpo físico em consequência do processo da morte, o que é correto. Isto explicaria, no seu entendimento, com o qual também concordamos, a razão pela qual muitos recém-desencarnados continuam a ignorar ou a rejeitar conceitos que ignoravam ou rejeitavam enquanto por aqui, na carne. Talvez por isso – é, ainda, a opinião do autor – sejam muitos os espiritualistas ingleses e americanos que discordam da reencarnação.

O problema é que tanto faz concordar como discordar. O mecanismo das vidas sucessivas constitui dispositivo cósmico, é lei natural, indispensável ao processo evolutivo do ser e não objeto de crença ou descrença, como inúmeras posturas religiosas.

JDW, o irmão desencarnado do dr. Wood, declara numa das suas comunicações não haver ainda encontrado, no mundo espiritual, ninguém que se lembrasse conscientemente de alguma experiência na terra. E continua, em tom meio jocoso:

– Se é que a tivemos (a preexistência), a memória não parece reter a experiência, pelo menos conscientemente, ao deixarmos a terra. Como você vê, meu velho, muitos de nós pensamos como você. Não iríamos de volta à terra por nada neste mundo. Não para viver essa vida de novo! (O primeiro destaque é desta tradução, o segundo está no original inglês).

Esse pequeno texto é revelador em mais de um sentido. Em primeiro lugar, a entidade confirma que o dr. Wood não está nada convencido da necessidade da reencarnação no mecanismo evolutivo. Em segundo lugar, o comunicante não contesta a doutrina palingenésica com qualquer argumento válido ou pelo menos discutível; limita-se a declarar que nem ele, nem alguns de seus amigos e conhecidos no além se lembram de existência anterior à vida terrena. Terceiro, que ele não gostaria de voltar à terra, para viver o tipo de vida que aqui nos é atribuído.

O 'falecido' reverendo HW, pai do dr. Wood, morto em 1919, também se pronuncia sobre o assunto, através da mediunidade de Rosemary. O bravo reverendo, com todo o respeito que lhe é devido, não se saiu melhor na expressão de seus alegados ensinamentos. De duas coisas se declara ele certo, logo no início do texto reproduzido no livro do dr. Wood, seu filho: a primeira é a de que "a imortalidade depende inteiramente" da própria pessoa. Quem levar "uma verdadeira vida espiritual" fortalece o espírito e amplia seus interesses e capacidades, mas, "se mergulhar mais profundamente nos domínios da matéria densa", acaba por enfraquecer de tal maneira "sua vida espiritual" que "sua existência pessoal não será mais possível e ele a perderá". No seu entender, portanto, o espírito também morre.

Quanto ao aspecto particular da reencarnação, o reverendo Wood a admite "como necessária" apenas para os espíritos "cujo progresso é consistentemente para cima". Não ficamos sabendo o que entende o comunicante por espíritos que seguem sempre para cima. Não é essa a norma válida para todos nós? Está certo, contudo, o antigo pastor, ao declarar que, uma vez superadas as exigências cármicas e alcançado certo grau de purificação, "o espírito não volta ao seu antigo ambiente, uma vez que já o superou". Mesmo nesse ponto, não obstante, ainda me ficam dúvidas. Que é voltar ao ambiente? Não parece que, ao escrever isso, o reverendo estivesse pensando em reencarnação, e sim na mera frequência do espírito desencarnado aos ambientes em que viveu na terra.

A opinião de Lady Nona não difere muito dessa. Em comunicação, sempre por intermédio de Rosemary, ela declara o seguinte: "Penso que a reencarnação existe, mas não acho que se aplique de modo generalizado". Com o respeito devido à entidade, seu pronunciamento é meramente 'achista': acho... penso... No seu modo de ver, o espírito que haja desencarnado nas "mais baixas esferas, com forte consciência material da terra" pode julgar necessário, após longo período, voltar à terra para se livrar da obstrutiva fixação no materialismo, que "impede o desenvolvimento do espírito".

Outro amigo espiritual do dr. Wood, que declara ter vivido na China e se apresenta sob o nome Yen San, também acha, como Lady Nona, que a reencarnação é admissível, "não como lei inevitável, mas como objeto de escolha" de cada um.

Ainda no livro *After thirty centuries*,[3] Lady Nona fala do marido faraó para informar que, após a morte de ambos (ela, primeiro), ficaram muito tempo sem se encontrar. O dr. Wood deseja saber, então, se somente "agora", ou seja, para o trabalho coletivo no grupo mediúnico, é que se deu o reencontro.

– Não – ela explica. – A não ser que tenhamos tido outra encarnação juntos, no que às vezes acredito, mas sobre o que não disponho de provas.

É certo que não deve ser sumariamente descartada a hipótese de um espírito permanecer sem se reencarnar durante três mil anos, ou mais, mas é pouco provável que isso tenha acontecido. A própria Lady Nona parece admitir pelo menos mais uma vida intercorrente entre a existência no Egito e o momento em que se comunica mediunicamente com o dr. Wood, por intermédio de Rosemary. É evidente, porém, que ela não deseja mergulhar em tais recordações, provavelmente por se reportarem a existências mais difíceis e de sofrimento que, no seu modo de ver, é preferível manter no esquecimento.

Suas ideias sobre o passado, aliás, são, no mínimo, peculiares. Numa das suas inúmeras comunicações, ela parece indicar que deseja mesmo que todo o passado continue apagado na sua memória. Segundo ela, as lembranças do Egito foram suscitadas "com permissão e ajuda" de seus guias. Uma vez concluída a tarefa junto do grupo, "tudo mergulhará novamente num passado esquecido que, acredito, jamais seja lembrado novamente".

– Qualquer pessoa aqui – acrescenta ela – pode olhar para o seu passado, mas isso é difícil e, com frequência, indesejável.

Difícil pode ser, ao espírito ainda conturbado e desajustado; indesejável, não, pelo menos como regra geral, dado que, a cada etapa vencida, são comuns, entre uma existência na carne e a seguinte, as autoanálises regressivas, que propiciam condições para uma reavaliação de nossos atos a fim de ficarmos habilitados a planejar adequadamente o futuro.

Ressalta de tais pronunciamentos que, por mais importante tenha sido sua tarefa junto ao grupo do dr. Wood – e isso não há como contestar ou minimizar –, a entidade Lady Nona demonstra conhecimento insuficiente de relevantes aspectos da realidade espiritual, ao passo que, naquilo em que se pronuncia, encontramos distorções de apreciação inaceitáveis num espírito que se apresenta com suas credenciais. Teria havido algum problema no que se costuma caracterizar como de filtragem mediúnica? É difícil decidir esse aspecto. Convém ressaltar, não obstante, que ela demonstra certa familiaridade com os complexos mecanismos do intercâmbio mediúnico, como ainda veremos, e dá boa conta da sua tarefa de fazer o antigo Egito 'falar' através de sua antiga amiga Vola, hoje, Rosemary, aliás, Ivy Beaumont.

A PRINCESA BABILÔNICA 4

Vejamos, agora, um pouco da biografia da entidade que se apresentou ao dr. Wood como Lady Nona. Ela se identifica como uma princesa babilônica, de nome Telika, conhecida entre os egípcios como Ventiú, isto é, a Asiática. Pelos dados incidentalmente fornecidos no decorrer de seus relatos, o dr. Wood convenceu-se de que Telika teria sido uma das esposas do faraó Amenotep III, também conhecido como Amenófis III, da 18ª dinastia (1406-1370 antes do Cristo); não a "Grande Esposa Real", a poderosa rainha Tiy, mas, ainda assim, uma das rainhas, digamos, menores, segundo o costume dos tempos.

O faraó era figura divinizada, investido de poderes incontestáveis e, por isso, obedecido cegamente, nos mínimos desejos e comandos. Mais que lei, sua palavra era oracular. Em torno dele gravitava uma pequena multidão de servidores de todos os níveis, desde ministros e conselheiros até o último escravo. Além de inúmeras esposas e os filhos que iam sendo gerados, circulavam pela imensa corte generais, artífices, arquitetos, escribas, médicos, sacerdotes, administradores, astrólogos e outras categorias profissionais, bem como agregados e áulicos. Justificando-se perante o dr. Wood, por não saber escrever, Lady Nona deixou claro que nem seria de bom tom fazê-lo; para isso, havia inúmeros escribas, ou então as mensagens eram transmitidas oralmente, por escravos especialmente treinados para essa finalidade.

– Jamais tive qualquer motivo para escrever – declarou Lady Nona, nessa ocasião[4] – e, em verdade, nem sabia fazê-lo. Não tínhamos em que aplicar isso que vocês considerariam educação prática. Tanto quanto me lembro, nunca pensei em tais coisas. Sempre tivemos quem fizesse as coisas para nós. Enviar mensagens orais era feito sempre que possível.

Poucas atividades, aliás, eram tão valorizadas como a dos escribas que transcendiam, por vezes, as aparentemente modestas limitações de sua competência. Eram eles os contadores, economistas e documentadores da atividade política, econômica, religiosa e social do país. Muitos deles galgaram posições relevantes na administração porque dominavam bem a complexa técnica de escrever.

Num contexto como esse, tornava-se inevitável a disputa pelo poder e, obviamente, dispunha de maior parcela dele aquele que mais facilmente tivesse acesso ao faraó. Na verdade, as cortes não mudaram muito; trocaram apenas alguns nomes, mas a substância do poder e suas estruturas permaneceram intocadas e intocáveis. Que se saiba, nenhuma dessas cortes, faraônicas, imperiais, reais, presidenciais ou eclesiásticas esteve livre de disputas internas, intrigas, conspirações, calúnias, assassinatos e rivalidades. Qualquer passo em falso, num contexto desses, sempre resultou em perda sumária de privilégios, quando não da própria vida. Telika acabou envolvida num episódio desses e foi a perdedora. Ela descobriu que certo astrólogo do círculo mais íntimo do faraó era um mau conselheiro e que, secretamente, tramava não apenas contra a vida dela, Telika, como contra a do próprio soberano. Era uma jogada política audaciosa e extremamente perigosa, mas cujo prêmio era suficientemente elevado para justificar os riscos. A rainha tentou, inutilmente, convencer seu real esposo a tomar algumas providências saneadoras, mas ele mostrou-se convicto de que o acusado era homem de confiança e honesto.

Foi nesse ponto que Telika optou por uma medida de desespero que lhe seria fatal, ao tentar eliminar o ambicioso astrólogo. O esquema fracassou, ela foi condenada à morte pelo faraó, seu marido, e afogada no rio Nilo, juntamente com Vola, sua dama de companhia favorita, a atual Rosemary. Essa versão da história seria modificada por Lady Nona, em comunicação posterior, na qual se mostrava bastante surpresa ante o que ficara registrado mediunicamente. Não me arrisco a um comentário sobre o incidente; limito-me a informar que ela fez questão de retificar a narrativa, declarando não ter sido executada por ordem do faraó, e sim em consequência de um acidente tramado e posto em prática pelo astrólogo que ela tentara destruir.

Esse foi, no dizer de Lady Nona, trinta séculos depois, "o trágico fim de uma vida feliz". Ela não teve, sequer, o privilégio de ser enterrada com as honras de estilo, junto ao seu povo, na Babilônia, dado que seu corpo nem foi recuperado das águas do Nilo. Segundo ela, o faraó descobriria mais tarde que ela estava certa nas suas acusações contra o astrólogo conspirador, mas aí já era tarde para providências retificadoras.

Um dos tabletes de cerâmica encontrado em Tel-el-Amarna, no Egito, em 1887, é uma carta do rei Kadashman Bel, da Babilônia, ao faraó Amenófis III. O texto vai direto ao ponto, sem rodeios ou sutilezas diplomáticas:

– Veja bem – diz o real missivista ao seu colega egípcio –, você deseja minha filha em casamento, mas a minha irmã, que meu pai lhe concedeu, está aí com você e ninguém sabe dela, se está viva ou morta.

Uma comissão de pessoas da confiança do rei Kadashman foi enviada ao Egito para investigar o paradeiro da sumida princesa babilônica, mas não a descobriu entre as esposas reais, colocadas à disposição dos emissários para inspeção.

Como lembra o dr. Wood, o nome da desaparecida princesa não figura, por óbvias razões, em qualquer documento histórico da época. Se ela tivesse sido Telika, não era mesmo para figurar, dado que morreu em circunstâncias trágicas e até seu corpo se perdeu, ficando sem túmulo digno de seu status, provavelmente devorada pelos jacarés do Nilo.

É certo, porém, que outra esposa real, de nome Gilukipa, também desapareceu de maneira misteriosa, sem deixar traços. Seria, provavelmente, a irmã que o rei da Babilônia desconfia tenha sido eliminada. A escritora brasileira Chiang Sing opta pela versão segundo a qual Gilukipa teria vindo de Mitani e seria a mãe da bela Nefertite, futura esposa de Amenófis IV, ou Akenaton, o faraó herético. Deixemos, contudo, estas especulações para mais adiante, no livro.

A despeito de tudo o que lhe aconteceu, Lady Nona confessa que ainda amava o marido-faraó e que, após longo período de sono (provável estado de inconsciência ou alienação da realidade), descobriu-se viva e desapontada, na dimensão espiritual, enquanto os conselheiros que a derrubaram continuavam a tecer suas tramas e intrigas junto do faraó.

Bem que tentou uma aproximação mediúnica, que ela sabia possível, mas, "a despeito das luzes da época", não conseguiu chegar até o faraó, porque "todos os sacerdotes, que também eram médiuns, odiavam-na e se recusavam a ajudá-la".

São significativas essas observações, ao indicarem que havia considerável intercâmbio entre 'vivos' e 'mortos', até mesmo com a provável participação do faraó. Depreende-se, ainda, do que se lê nesse ponto, que o espírito da rainha assassinada, após um período de perturbação no mundo espiritual, assediou os sacerdotes com a intenção de comunicar-se com o faraó. Como, porém, eles exerciam severo controle sobre a mediunidade, o espírito não conseguiu o seu intento. Compreendemos, assim, sua curiosa observação de que isso aconteceu, "a despeito das luzes da época", ou seja, do conhecimento que muitos possuíam da realidade espiritual.

Já arrependido por não ter ouvido os conselhos de Telika, o faraó voltou-se para uma das rainhas, possivelmente a ardilosa Tiy, mas esta "não trouxe luz ao seu espírito", na avaliação de Nona.

Assim, tanto ela como o faraó sentiam-se infelizes. Ela, por nada mais poder fazer por ele, e ele, por sabê-la morta, pois, ao que parece, também a amava.

Telika informa que foi "para muito longe" (onde?) e, sob severo regime de autodisciplina, conseguiu superar sua "mórbida atração pelas coisas da terra". Ao cabo de algum treinamento, disse ela, "tornei-me médium neste lado", procurando fazer pelos outros o que não conseguira fazer para si mesma, ou seja, estabelecer intercâmbio espiritual entre encarnados e desencarnados.

Numa de suas vidências, provavelmente regredida ao tempo em que viveu como Vola, Rosemary descreve o faraó tal como o tinha diante dos 'olhos' da memória. É de impressionante realismo o seu relato.

– Vejo-o sentado numa cadeira de encosto quadrado e reto, pintada em cores brilhantes e recoberta de ouro. A face dele, larga nas têmporas, desce agudamente no longo e pontudo queixo, coberto por uma barba curta e quadrada. As orelhas são grandes; há uma feroz expressão no rosto dele e as narinas são dilatadas. Há uma curiosa depressão na face, em ambos os lados do nariz. Teria ele a ver alguma coisa com os persas? Foi um reinado de lutas, aquele. Houve invasões, conspirações e contraconspirações. Foi numa dessas que Lady Nona encontrou a morte. Dois escravos núbios ficam de pé, de cada lado do trono. Eram prisioneiros que ele mesmo fizera. Foi um reinado de grandes tumultos, um tempo em que o sacerdócio estava desmoralizado.

O intenso realismo do cenário e de suas remotas personagens poderia até ser reproduzido por um pintor de talento, com todas as suas implícitas e explícitas grandezas, as cores, a pompa, o clima tenso de intrigas, o atrito das pessoas envolvidas na trágica ciranda do poder e de suas ânsias.

Uma recapitulação no contexto histórico da época parece indicado neste ponto. É o que vamos fazer a seguir, recorrendo a uns poucos da torrencial livralhada existente sobre a fascinante história do Egito dos faraós.

5 O CONTEXTO HISTÓRICO

Ao identificar-se como Telika, rainha egípcia, esposa do faraó Amenófis III, Lady Nona situou-se num dos mais fascinantes períodos da história antiga e, talvez, dos mais enigmáticos. Não que pesquisadores, arqueólogos e historiógrafos tenham fracassado no empenho de montar um quadro histórico aceitável para a época; pelo contrário, é admirável que tenham conseguido extrair tanta informação de tão problemático material. A despeito da atenção que o governo dedicou à documentação de seus feitos e dos fatos rotineiros da administração, a civilização egípcia se fez difícil ao estudo dos pósteros. Em primeiro lugar, pelos complicados esquemas imaginados e postos em prática para preservar a história pessoal de cada faraó e de personalidades secundárias da administração pública e religiosa do país, como ministros, conselheiros, arquitetos, sábios e sacerdotes mais destacados. Os museus e memoriais criados para reunir o material necessário a essa finalidade foram protegidos por engenhosos artifícios para garantir-lhes a inviolabilidade, de modo a atravessarem com o máximo de preservação e em segurança os séculos e até milênios futuros. As pirâmides são um exemplo disso, se é que tenham sido construídas mesmo para abrigar restos mortais dos `imortais'. Foram projetadas e executadas num claro desafio humano ao tempo. Para se chegar até o âmago dessas construções, tanto as de proporções ciclópicas como as de modestas dimensões, era necessário mais do que simples tenacidade. As construções resistiam obstinadamente, com seus gigantescos blocos de pedra, encaixados uns nos outros com espantosa habilidade e competência. Havia pistas falsas, passagens secretas e bloqueios aparentemente invencíveis à abordagem audaciosa do intruso. Não faltou quem tentasse abrir caminho para as cobiçadas câmaras mortuárias a explosivos potentes, danificando impiedosamente o que não tinham como remover com bons modos.

Mesmo assim, foram inúmeras as decepções dos pesquisadores sérios e interessados em resgatar um pouco da perdida história dos egípcios, quando escavações metódicas iniciaram um ciclo mais racional, a partir do século XIX, sob a orientação de arqueólogos europeus e americanos. Após anos e anos de paciente trabalho sob o sol implacável do deserto, os pesquisadores chegavam, enfim, às tumbas, para encontrá-las já saqueadas no correr dos séculos por audaciosos ladrões, interessados apenas na rápida conversão de raríssimas peças históricas em um pouco de dinheiro para gasto imediato. Havia e continua existindo para esse tipo de material um mercado ávido, clandestino, pouco ou nada escrupuloso, no qual muita gente fez fortuna à custa da sistemática destruição da memória histórica do Egito. É que o interesse dos bandidos, como sempre, era apressado e se concentrava em ouro e joias, bem como peças de fácil conversão em dinheiro. Não hesitavam, pois, em arrancar brutalmente adereços, placas inscritas e amuletos que cobriam as múmias dos potentados. Em volta dos sarcófagos, como exigiam os rituais, eram colocados inúmeros artefatos do mais fino e rico artesanato, como sempre, sem a menor economia em ouro, prata e pedras preciosas ou madeiras raras: mesas, cadeiras, vasos, armas, objetos de uso pessoal e esculturas representando o faraó, seus familiares e seus inúmeros deuses. Usualmente essas peças traziam inscrições valiosas do ponto de vista histórico, indicando nomes, locais e eventos importantes do reinado de cada faraó, bem como cenas de combates, caçadas, viagens ou, como ao tempo de Akenaton, líricas cenas da vida em família, com o faraó a conversar com a sua bela Nefertite, cercados ambos pelas filhas do casal. Salvaram-se as estelas, nome dado a colunas ou lâminas de pedra, usualmente destinadas à gravação de textos e informações sobre os mortos, muitas delas mutiladas sem recuperação.

Por tudo isso, quando Howard Carter espiou pela primeira vez a câmara mortuária do faraó Tutankamon, através de um buraco aberto na última barreira de pedra, ficou extasiado ante a incalculável riqueza que ali se preservara quase intacta, a salvo da praga milenar dos assaltantes. (Ver fotografias nas páginas 43 e 44.)

Mas não era somente a desanimadora dificuldade de acesso aos túmulos que inibia os arqueólogos e historiadores e nem apenas a frustração de chegarem invariavelmente alguns séculos depois dos predadores irresponsáveis, mas também o fato de que muitos desses registros eram encontrados danificados pelo tempo ou, deliberadamente, por autoridades subsequentes, interessadas em reduzir as proporções históricas de seus antecessores para exaltar a própria.

Will Durant conta, em Nuestra herencia oriental,[5] que, no auge da sua reforma religiosa em favor do deus único, Amenófis IV, mudou seu nome para Akenaton e mandou apagar por toda parte o nome de Amon, o deus caído em desgraça, em centenas de monumentos erguidos em homenagem ao seu pai, Amenófis III, o faraó de Lady Nona. Em compensação, quando ele morreu, também em desgraça, o culto de Amon voltou com toda força e, onde quer que o nome de Aton estivesse gravado na pedra ou escrito em papiros, foi sumariamente apagado.

Cyril Aldred, egiptologista de projeção internacional e reconhecida autoridade na temática histórica desse período, relata em seu livro *Akhenaten – pharaoh of Egypt,*[6] as complexidades criadas à tarefa de identificação da personalidade correspondente à múmia encontrada na tumba número 55, do Vale dos Reis. Alguns pesquisadores concluíram que seria a da rainha Tiy; outros, que pertenceria a Akenaton; ainda para outros, o cadáver seria de Semenkarê, sucessor de Akenaton, por causa do aproveitamento de sarcófago e vasos originariamente destinados a Meritaton, sua esposa. Só para tentar decidir a controvérsia, o dr. Aldred escreve dezesseis páginas de tipo cerrado, avaliando cada hipótese, suas justificativas, suas probabilidades e improbabilidades. Um volume incrível de trabalho físico e intelectual de vários pesquisadores de inquestionável competência foi investido nessa tarefa, que se propunha, afinal, a decifrar um dos enigmas menores da história do Egito, ou seja, identificar a pessoa que teria vivido naquele cadáver mutilado. Isso porque a múmia fora impiedosamente despojada de todas as suas insígnias, placas, amuletos e símbolos identificadores, tudo feito no mais puro do bom ouro egípcio.

A própria Nefertite, esposa de Akenaton, o faraó 'herético', continua sendo figura enigmática entre os especialistas. Mohamed Salah el Derwy, autor do prefácio ao livro de Chiang Sing,[7] relembra a controvérsia suscitada entre os egiptólogos mais eminentes, como sir Flinders Petrie, para o qual Nefertite seria filha de uma princesa mitaniana com o faraó Amenófis III. Já Arthur Weigall, James Baikie e outros entendiam ser a bela esposa de Akenaton egípcia de boa cepa, filha de Amenófis e da rainha Tiy, a grande esposa real, ou, talvez, filha da mesma Tiy, mas não com o faraó, seu marido, e sim com Eje, sumo sacerdote de Amon e amigo pessoal da poderosa rainha. Chiang Sing, como vimos, opta pela solução de considerá-la filha do faraó, sim, mas com Gilukipa, a princesa estrangeira, vinda de Mitani, o que estaria dentro da suposição formulada por sir Petrie, como vimos.

Por outro lado, não concordam os diversos eruditos sobre o papel atribuído à bela Nefertite no contexto da reforma religiosa promovida pelo seu faraó e marido: se ela estimulou a eclosão da nova religião monoteísta ou se apenas aceitou delicadamente a teologia de Akenaton, sem grande entusiasmo pela questão. Segundo a primeira corrente, sua influência teria sido decisiva, mesmo porque o culto a Aton teria sido trazido de Mitani, terra de sua mãe, Gilukipa. Chiang Sing é da opinião de que foi importante a ativa participação de Nefertite, na implantação da religião atonista, através do apoio e incentivo que proporcionou ao marido.

No seu prefácio para Chiang Sing, Salah el Derwy pergunta-se, a certa altura:

– Quem poderá saber a verdade, passados cerca de trinta e três séculos, mais de 1300 anos antes de nossa era?

E, no fecho de seu escrito, um comentário significativo:

– Que cada um escolha a sua própria versão. A verdadeira talvez nunca venha a ser conhecida.

Ele tem suas razões para dizer isto. São muitas as versões, porque os textos, pacientemente recuperados dos túmulos, dos templos e das cavernas recobertas por toneladas de areia e por grossas camadas invisíveis dos séculos transcorridos, são insuficientes para definir aspectos fundamentais ao entendimento daqueles tempos e daquelas gentes. Eu não diria, contudo, que a verdade talvez nunca venha a ser conhecida. Os seres que viveram aqueles episódios, vestiram-se daqueles corpos hoje mumificados, usaram os uréus e as joias recuperadas ao deserto, não se desintegraram na poeira dos milênios. Quando menos o esperarmos, pode acontecer que se manifestem em algum ponto da terra para resgatar a memória de suas vivências mutiladas pelo tempo, a areia e os assaltantes de tumbas. Como Lady Nona, por exemplo, que provou o seu caso, com a proeza histórica, de outra maneira inconcebível, de mostrar como se falava a misteriosa lingua dos faraós.

Por essas razões e outras tantas, é reconhecidamente difícil desenhar um cenário confiável para os importantes eventos ocorridos na longa história do Egito e, de maneira particularmente aguda, no decorrer da 18ª dinastia, período conhecido como o do Império, durante a qual o país atingiu dimensões históricas jamais alcançadas, nem antes, nem depois. Teremos ainda algo a dizer sobre essa dinastia, um mínimo possível para entendermos melhor o cenário em que se moveu Telika, ou seja, a nossa Lady Nona. Quanto a Akenaton, é ainda mais complexa a tarefa de um levantamento seguro da época e dos acontecimentos entre os quais se moveu.

Aldred[8] não minimiza as dificuldades, ao lembrar que houve a intenção deliberada de apagar para sempre qualquer vestígio que testemunhasse a detestada reforma religiosa de Akenaton e, por via de consequência, a figura do próprio faraó, não apenas posto em desgraça, mas considerado herético e até declaradamente criminoso.

– Uma das dificuldades em expor os eventos na sequência adequada durante esse reinado tem sido a pobreza de monumentos datados, uma vez que todos os registros do período foram obliterados ou adulterados à época dos Ramsés. (O destaque é meu).

Já no capítulo doze do seu livro,[9] que estuda mais de perto o reinado de Akenaton, Aldred adverte que faltam muitas peças de crítica importância para decifração de relevantes aspectos dessa época e que, provavelmente, nunca serão encontradas. Daí as especulações, hipóteses e teorias com as quais têm de trabalhar os historiadores, do que resultam inevitáveis e acesas controvérsias. Mesmo porque, é ainda Aldred com a palavra, não era costume dos egípcios escrever textos regulares de história, biografias ou memórias. O pesquisador tem de se contentar com referências circunstanciais. É preciso acrescentar que, mesmo as raras informações desse tipo, especialmente quanto a Akenaton e seu período de governo, podem apresentar distorções propositais que as invalidam do ponto de vista histórico.

Ao analisar tais aspectos, no capítulo V, de seu livro,[10] o prof. Cyril Aldred informa que Haremhab, o faraó que sucedeu a Tutankamon, teria mesmo usurpado os monumentos erguidos em homenagem a Aton, tentando excluir os nomes de Akenaton e de Tutankamon a fim de assumir a falsa posição histórica de que ele, Haremhab, tenha sido sucessor direto de Amenófis III.

– Pedreiros foram enviados por todo o país – escreve Aldred[11] – para dar continuidade ao trabalho de restauração que Tutankamon havia iniciado, arrasando os monumentos de Akenaton. A cidade de Aketaton teve seus edifícios demolidos e as pedras transportadas para utilização alhures. O túmulo real, no leito do rio central, foi destruído, a mobília funerária toda quebrada, bem como objetos sólidos como arcas e sarcófagos de pedra; os relevos foram arrancados das paredes.

Este pode ser considerado, talvez, um dos mais dramáticos exemplos do ódio 'teológico' em ação. Tão radical e insensato que se estendeu até aos locais reservados aos auxiliares diretos do detestado faraó herético, o que levou um "recente escritor", no dizer de Aldred, a referir-se ao episódio como "a vingança de Haremhab".

Por muitas razões, portanto, a 18ª dinastia, durante a qual viveu Telika, merece especial atenção.

– Não sabemos que conjunto de circunstâncias fez da quarta dinastia – escreve Durant[12] – a mais importante na história egípcia antes da décima oitava. (Destaque desta citação)

Durant arrisca a opinião de que talvez tenha sido esse brilho histórico suscitado pelas "lucrativas operações mineradoras do último reinado da terceira, ou, quem sabe, a supremacia dos mercadores egípcios no comércio do Mediterrâneo, ou a brutal energia de Khufu (que Heródoto chama de Quefrén), primeiro faraó da nova dinastia".

Seja como for, a 18ª dinastia somente se compara em importância e grandeza à quarta, aí por volta do ano 3000 antes do Cristo. Para trabalhar um pouco mais o cenário em que se movia Telika, parece indicada uma espiada, tão rápida quanto possível, na época dos Tutmés, dos Amenófis e dos Ramsés.

Ao apresentar uma cronologia para os faraós, o prof. Cyril Aldred lembra que a fonte originária ainda é a de Manetho, remoto historiador do século terceiro antes de Cristo, mesmo assim em segunda mão, preservada nos escritos de Flavius Josephus e alguns antigos cronistas cristãos. Muitas dessas datas, contudo, foram confirmadas posteriormente, em monumentos resgatados das areias do deserto ou em conjunção com fenômenos astronômicos referidos nas crônicas. Há, contudo, discrepâncias e incertezas ainda não resolvidas. Aldred chama, ainda, atenção para algumas superposições, de vez que, contrariamente a vários egiptologistas de renome, ele se revela convicto do fenômeno histórico da co-regência, ou seja, o costume egípcio, pelo menos em algumas dinastias, de um faraó nomear herdeiro, enquanto ainda vivo e atuante, como, aliás, é o caso de Amenófis III em relação a Akenaton.

Outra observação digna de nota é a que diz respeito aos nomes. Conforme procedimento usual dos historiadores modernos, ele adota, na sua cronologia e nos seus estudos, a versão grega dos nomes dos faraós, como propôs Heródoto. Por isso, em lugar de Amenotep, ele prefere Amenófis, para os quatro faraós assim conhecidos da 18ª dinastia. O termo dinastia foi aplicado em seu exato sentido semântico, ou seja, um conjunto de governantes pertencentes ao mesmo grupo familiar. Extinta uma família, o faraó seguinte dava início à sua própria dinastia. É preciso lembrar, contudo, que o termo e a divisão dos períodos e das dinastias é recurso meramente didático dos historiadores, de vez que cada faraó contava seu reinado do ano zero, como uma nova era, sem preocupação com um calendário nacional e, muito menos ainda, internacional, que não existia.

Embora esticando um pouco mais estas informações, parece indicado reproduzir o quadro geral, a fim de situar melhor, no tempo, as diversas dinastias. É bom reiterar que também essa divisão em dinastias, tanto quanto as datas propostas, não devem ser consideradas de precisão absoluta. Com essas ressalvas, o quadro fica assim:

Período arcaico: 1ª e 2ª dinastias, 3100-2686 a.C.; Antigo Império: 3ª a 6ª dinastias, 2686-2181 a.C.; Primeiro Período Intermediário: 7ª a 10ª dinastias, 2181-2040 a.C.; Império Intermediário: 11ª a 13ª dinastias, 2040-1674 a.C.; Segundo Período Intermediário: 14ª a 17ª dinastias, 1674-1559 a.C.; Novo Império: 18ª a 20ª dinastias, 1559-1085 a.C.

Falta só observar que a divisão em dinastias prossegue, mas para os objetivos de nosso estudo, bem como do livro de Aldred, não são mais de nosso interesse.

Focalizemos, portanto, nossa atenção no período denominado Novo Império, que abrangeu as dinastias de número 18, 19 e 20, entre os anos de 1559 e 1085 antes de Cristo, ou seja, um espaço de 474 anos. Ocuparam o trono egípcio, nessa época, Amosis, os quatro Tutmés, Hatshepsut – a única mulher-faraó da época, uma Tutmés também –, os quatro Amenófis e mais Semenkarê, Tutankamon, Ay e Haremhab. A 20ª dinastia começa com Ramsés I, em 1320, passa a Ramsés II, um dos mais famosos e que mais longamente exerceu o poder (de 1304 a 1237 a.C.), Sethos I e mais seis faraós até o ano 1200 a.C.

A glória e o poderio da 18ª dinastia começam com Tutmés (ou Tutmósis) I, que, invocando razões de segurança para o Egito, invadiu e dominou a Síria, impondo-lhe um regime de ocupação e tributação. Regressou a Tebas, como diz Will Durant,[13] "carregado de despojos e com a glória que sempre produziu a matança de homens". Já no final de seu reinado, elevou sua filha Hatshepsut à co-regência, embora haja quem afirme que essa jogada política tenha sido inventada posteriormente pela própria faraó feminina para justificar-se no trono. Seja como for, ela se casou com seu irmão, Tutmés II, que governou por um período de apenas quinze anos. Ao morrer, o segundo Tutmés indicou como sucessor o filho de Tutmés I, seu pai, com uma das numerosas concubinas. Com isto não concordou Hatshepsut, que assumiu o poder, no qual "demonstrou ser um rei em tudo, exceto no gênero", como assinala Durant.[14] Como o jovem indicado pelo seu marido-irmão para substituí-lo no ápice daquela estrutura essencialmente machista da época era ambicioso demais para sua segurança, ela o despachou para longe, e conseguiu manter-se no poder durante vinte anos, de 1489 a 1469 a.C. Hatshepsut ou Hatasu, segundo outra grafia, é uma das fascinantes figuras da história do Egito e mereceria espaço bem maior do que podemos conceder-lhe neste relato. Da pompa e grandeza de seu reinado ficaram os eloquentes testemunhos de seu magnífico templo-túmulo, em Deir-el-Bahari, descoberto em 1841, e o obelisco que mandou erigir em Tebas. Alguns historiadores acham que o Egito perdeu poder e prestígio em sua política externa durante o reinado, de vez que importantes aspectos militares ficaram entregues a seus assessores e, de certa forma, abandonados. Will Durant[16] reserva, para ela, lugar de merecido destaque em sua autorizada "Estória". Depois de explicar que ela se fazia representar, nos monumentos, como um guerreiro, sem os seios, naturalmente, mas com a barba faraônica, e vestia-se de homem, em suas aparições públicas, comenta:

– Tinha ela todo o direito de determinar seu próprio sexo, pois chegou a ser um dos mais prósperos e benéficos dos muitos soberanos do Egito. Manteve a ordem interna sem tiranias indevidas e a paz externa sem perdas.

Por essa pequena amostra, podemos perceber como divergem os historiadores a respeito da complexa história do Egito. A opinião de que o Egito perdeu parte do seu prestígio internacional é a do verbete da Encyclopaedia Britannica.16

Depois dela, Tutmés III assumiu o poder, finalmente, ainda que os registros históricos o considerem como faraó desde 1490, logo em seguida à morte de Tutmés II, em 1489. No mesmo dia, ele partiu para a guerra a fim de não deixar qualquer dúvida, entre vizinhos amigos ou rebeldes, de que as coisas haviam mudado radicalmente, no Egito. Voltou vitorioso da primeira de muitas das suas fulminantes campanhas militares, conduzidas com extraordinária competência militar, ao cabo das quais o Egito passou a ser "o dono do mundo mediterrâneo", no dizer de Durant.[17]

São frequentes no texto do historiador americano as comparações do "irresistível" Tutmés III com Napoleão. Serenados os ânimos, ele se dedicou a coisas mais amenas, como a arte da administração interna.

– Seu vizir ou primeiro ministro dizia dele – escreve Durant – como os cansados secretários diriam de Napoleão: –Eis que Sua Majestade sabia sempre o que se passava; nada ignorava; era o deus do conhecimento em todas as coisas; não havia nada que não levasse a cabo.

Ao referir-se às colunas típicas do palácio mandado construir em Carnac, Durant[18] chama-as de "símbolos do Napoleão do Egito". Reportando-se à moralidade dos tempos, Durant declara que "o governo dos faraós se parecia ao de Napoleão, até no incesto".[19] Não sei se o historiador não estaria exagerando um pouco com esta observação. É fato conhecido, porém, a prática egípcia de se casarem irmãos e irmãs, pais e filhas e até avô e neta, tudo para garantir a preservação do poder supremo no círculo fechado da família imperial. Daí, sem dúvida, a correta aplicação do termo 'dinastia' para caracterizar cada uma das duas dezenas e meia de casas reais.

Mais que mera coincidência, imagino que as conexões comparativas de Durant assumem a característica de uma intuição. Sem nenhum documento ou prova material em que me possa apoiar, penso que Tutmés III, gênio militar, competente administrador e líder nato, bem que poderia ter renascido mais tarde, como Napoleão Bonaparte e, antes, como Alexandre, o Grande, e Júlio César, se é que admitimos como razoável hipótese de trabalho o conceito multimilenar da reencarnação.

Sucedeu-o no trono mais um Amenófis, o II, que ministrou outra lição inesquecível a "certos idólatras sírios da liberdade", como diz Durant[20] e regressou ao Egito com um séquito de sete reis cativos, amarrados pelos pés, à proa da galera imperial. "Seis deles" – ensina Durant – "ele sacrificou com suas próprias mãos, ao deus Amon". Eram duros os tempos, especialmente para os reis que perdiam as guerras. Esse Amenófis governou durante mais de trinta anos. Foi substituído, ainda no dizer de Durant, por "um Tutmés que não conta", e cujo reinado não chegou a durar dez anos.

Em 1312 a.C., assumiu Amenófis III, o 'nosso' Amenotep, do qual Telika, teria sido uma das esposas, segundo depoimento de Lady Nona ao dr. Wood. Foi um longo e, na avaliação da história, glorioso reinado, de trinta e oito anos. Recebia das mãos de seus dinâmicos antecessores um país fortalecido e enriquecido, no apogeu de seu esplendor e poderio. Não há dúvida de que Amenófis III foi um faraó típico de seu tempo e exerceu o cargo investido de poderes divinos, ou melhor, como deus encarnado. Há registros de cenas em que ele próprio, ao vivo, adora sua própria imagem. A pompa e a riqueza material desse período seriam testemunhadas de maneira dramática pelo fabuloso tesouro encontrado no túmulo de Tutankamon, sucessor de Akenaton, um faraó adolescente e pouco expressivo, a não ser pela tumultuada época em que viveu, em plena contrarreforma religiosa.

Amenófis III morreu em 1380 a.C., após uma vida de luxo e ostentação raramente igualadas na história do Egito. Sucedeu-o, no trono, Amenófis IV, que depois mudaria o nome para Akenaton. Seria, mais tarde, o "faraó herético", "aquele criminoso de Amarna", cujos adversários e sucessores tudo fariam com o propósito de apagar o nome dele dos registros históricos do país.

Antes de voltarmos ao depoimento mediúnico de Lady Nona, precisamos falar um pouco acerca da debatida reforma religiosa de Akenaton.

Fica para o próximo módulo.

AKENATON, FARAÓ, POETA E TEÓLOGO 6
(HERÉTICO)

As inúmeras religiões criadas ao longo dos milênios, no esforço de se entender melhor os mecanismos da vida e da morte, exerceram considerável influência histórica por toda parte, em todos os tempos. Em muitas ocasiões torna-se difícil, senão impraticável, distinguir a história religiosa dos povos de sua história política. É como se fosse tudo uma coisa só, gerida por sacerdotes-governantes ou governantes iniciados, mais em nome dos deuses do que do povo, sendo que os interesses dos deuses eram formulados para 'coincidir' com os dos dirigentes. Com frequência, os dirigentes declaravam-se representantes diretos dos deuses ou, como no Egito, eram os próprios deuses ou seus filhos diletos.

Por isso lembra Will Durant[21] que, por trás de uma inexpressiva minoria, "que meditava sobre os problemas da vida e da morte em termos seculares e naturalistas, havia milhões de homens e mulheres simples que permaneciam fiéis aos deuses, sem jamais duvidar de que a justiça triunfaria e de que todas as dores e penas terrestres seriam compensadas prodigamente em um destino final de paz e felicidade".

A minha visão é algo diferente da que nos oferece o eminente historiador americano. Guiado pelo seu brilhante racionalismo, ele parece tratar com certa condescendência a convicção dos simples em uma justiça final. De minha parte, fico com os simples. Há um destino final que garante, sim, paz e felicidade como retribuição às "dores e penas terrestres", que, por sua vez, funcionam como eficientes mecanismos de correção de rumos. Nosso estudo, porém, não pretende ser um tratado de teologia ou de filosofia, e sim uma reflexão menos apressada sobre alguns aspectos da história do Egito. Mesmo porque – e nisto creio concordarmos todos com Durant – "abaixo e acima de tudo, no Egito, estava a religião". Vemo-la desenvolver-se desde as mais rudimentares etapas até as mais elaboradas complexidades teológicas. Assistimos, como também assinala o ilustre historiógrafo, à influência por ela exercida sobre a literatura, a arte e a administração pública. E conclui: "Não podemos compreender o egípcio, o homem, a não ser que estudemos seus deuses". Só tem o historiador a lamentar que a religião, por aquelas bandas, naquele tempo, não haja influenciado a moral. Isto, porém, não creio que seja mal da época, nem do Egito especificamente; ao que temos visto alhures, no tempo e no espaço, isso tem sido, infelizmente, a norma, a regra geral, o procedimento padrão. A partir do momento em que as religiões começarem a suscitar a reforma moral das criaturas, então, sim, estaremos a caminho da justiça final, com a qual sonhavam as grandes multidões dos simples, nutridos mais pela intuição da verdade do que pela competência na manipulação do pensamento racionalista de que nos fala Durant. Mesmo porque nada impede que a destinação final de felicidade ocorra ao cabo de um processo não menos racional de decifração de enigmas da vida que ciência e filosofia ainda não conseguiram realizar.

Não há dúvida, contudo, de que as estruturas religiosas do Egito não reservavam muito espaço para a moral. Os registros da época nos mostram os sacerdotes empenhados na comercialização de amuletos, rituais, encantamentos e até em práticas de magia negra, em lugar de pregações moralizantes. Como sempre aconteceu, a religião organizada tutelava a criatura, do berço ao túmulo e além. Para qualquer situação, dificuldade, temor, doença, problema pessoal ou coletivo, lá estavam a fórmula apropriada, o talismã certo, o ritual adequado, o deus específico. Para obter a necessária proteção aos perigos de cada instante e, se possível, atrair o beneplácito dos deuses era necessário propiciá-los com toda uma parafernália de objetos, posturas, fórmulas e ritos mágicos. Tudo isso, pago a bom dinheiro, com a inevitável intermediação dos sacerdotes. Se o pobre pagava pouco e em espécie, os poderosos passavam verdeiras fortunas aos donos do poder religioso, em ouro, prata, bens móveis e imóveis, tanto quanto prestígio e acesso aos grandes da corte. Além do mais, os sacerdotes eram também médicos, adivinhos, profetas, feiticeiros e, como se observa do depoimento de Lady Nona, médiuns. Com o virtual monopólio desta faculdade, policiavam até o mundo dos espíritos, como também depreendemos da observação de Lady Nona, que teria tentado, sem nenhum êxito, manifestar-se postumamente ao faraó, seu ex-marido, para fazer-lhe algumas revelações importantes. Teria de passar, necessariamente, pela barreira intransponível do sacerdócio, o que não conseguiu.

Foi esse o cenário em que nasceu e se criou Amenófis IV, o futuro Akenaton. Já vimos que ele foi feito co-regente de seu pai, em 1378 a.C. A co-regência durou até 1367, quando morreu Amenófis III e Akenaton, ainda como Amenófis IV, assumiu todo o poder. Viveria apenas uns poucos anos mais, para morrer, jovem, em 1362, ainda a tempo de sofrer na carne a frustração do insucesso da sua reforma religiosa, que, no entender de muitos – contemporâneos e pósteros –, deve ser somado ao insucesso político. O jovem faraó herdava um país rico e poderoso, de projeção internacional e características imperiais, ao qual nações estrangeiras estavam submetidas e pagavam pesados tributos. Amenófis III, seu pai, foi reconhecido pela história como um grande promotor de obras imponentes, especialmente em Tebas e Luxor, onde ficaram testemunhos vivos de sua passagem pelo poder, além dos melhoramentos introduzidos em Carnac, tudo em escala ciclópica, como de seu gosto.

A descoberta dos tabletes escritos em caracteres cuneiformes, em Amarna, confirmariam para os pesquisadores o respeito em que era tido o faraó pelos povos vizinhos e mais distantes, cujos reis se sentiam honrados em ceder suas irmãs e filhas para enriquecer e embelezar o harém imperial. Lady Nona foi uma dessas princesas estrangeiras, como também a mãe de Nefertite e outras.

Amenófis IV, o futuro Akenaton, não era esse tipo de governante, ainda que haja nascido e criado para ser rei. Mesmo assim, a 'Britannica' o considera "talvez a mais notável personalidade na longa lista de faraós." Pouco adiante, contudo, o mesmo verbete atribui-lhe o duro adjetivo "fanático". De qualquer maneira, Akenaton foi um reformista religioso, não um faraó recortado pelos moldes de seu tempo.

A escritora brasileira Chiang Sing adota no seu relato a tese de que o sacerdócio de Amon, o deus desprezado, teria recorrido até mesmo a manipulações de magia negra para se livrar do indesejável faraó. Não temos, a respeito disso, o depoimento de Lady Nona, mas a hipótese não seria improvável. Os ódios suscitados foram intensos. O sistema religioso do Egito assumira características empresariais. Era um negócio como outro qualquer, nos seus mecanismos de produzir riqueza e poder e, como nenhum outro, nas facilidades e nos métodos com os quais contava para fazê-lo render e alcançar suas metas empresariais e políticas. Era um verdadeiro núcleo de poder dentro dos círculos mais amplos do poder público. Estaria Akenaton, ao enfrentar essa poderosa máquina, consciente dos riscos da empreitada que tomara a seu cargo? Ainda é difícil responder a esta pergunta. Provavelmente será, um dia, satisfeita, em algum depoimento do próprio ex-faraó herético, que não desapareceu na poeira do tempo ou nas areias do deserto, e sim a sua múmia apenas. Muita coisa teria ele a dizer, de si mesmo, da sua época e dos belos sonhos que sonhou. Muita coisa a colocar nos devidos lugares e outras tantas dúvidas e especulações a ratificar ou retificar.

– Com a possível exceção de Cleópatra – escreve Cyril Aldred[22] – nenhum governante do Egito tem provocado tamanho fluxo de tinta da pena de historiadores, arqueólogos, moralistas, novelistas e meros excêntricos como o faraó Akenaton, que governou quase metade do mundo civilizado, por breve tempo, durante o século XIV antes de Cristo.

Lady Nona oferece um rápido retrato falado do jovem herdeiro do trono. Nos historiadores, encontramos, com algumas discrepâncias menores, o consenso de que se tratava de um poeta, um sonhador, de características físicas claramente efeminadas. Durant[23] opina que teria sido alguém como "um Shelley chamado a ser rei". Aldred[24] considera que suas "aberrações homossexuais" devem ter parecido de mau agouro aos seus súditos. A belíssima estátua em esteatita amarela, hoje no Louvre, mostra-o com traços nitidamente femininos, sentado, feições delicadas e sonhadoras, seios bem desenhados, o ventre ligeiramente crescido, as mãos segurando os símbolos do poder, confirmado pelo uréus, na testa. Seja como for, Akenaton e Nefertite tiveram seis, talvez sete filhas, nenhum descendente masculino. Aldred acha ainda possível que ele se tenha casado com, pelo menos, uma de suas próprias filhas, como de costume da época, certamente, em busca de herdeiros que preservassem a dinastia no trono. Em seis páginas, no capítulo 8 da segunda parte de seu livro[25] Aldred estuda o que denomina "a patologia de Akenaton", concluindo pela hipótese de que o faraó-teólogo tenha "sofrido de uma desordem do sistema endócrino; mais especificamente, de uma disfunção da glândula pituitária", talvez a chamada "síndrome de Frölich", segundo alguns patologistas. A dificuldade na aceitação desse diagnóstico, contudo, está em que essa doença o tornaria incapacitado para gerar filhos, a não ser por um breve período, na adolescência. Qualquer que tenha sido o problema, contudo, e a despeito de sua evidente característica feminina, as disfunções glandulares "não podem ter sido suficientemente graves para interferir seriamente com os seus poderes procriativos", como se lê em Aldred.[26]

É necessário considerar, no entanto, que a sexualidade é um fenômeno regido pelo mecanismo da polarização. Predominam as características femininas ou as masculinas, segundo as energias da libido se agrupem mais de um lado do que do outro, ao passo que a individualidade, em si mesma, não é masculina nem feminina. Jung entendeu bem tais aspectos e até cunhou palavras adequadas para rotular uma e outra das tendências: anima e animus. Em inúmeros casos, contudo, parece ocorrer um balanceamento entre as duas forças, levando a pessoa a certo grau de indefinição ou androginia, como se a atividade meramente sexual não estivesse entre as mais exigentes prioridades do ser. É o que costuma acontecer com criaturas dedicadas a tarefas maiores de doação, como os grandes líderes espirituais da humanidade, categoria na qual Akenaton não estaria, a meu ver, mal classificado. Ele foi um desses líderes, mensageiro incumbido de uma tarefa de dramática renovação religiosa. O projeto acabou revelando-se acima de suas forças, mesmo escorado em todo o poder de faraó, num período em que seu país estava no apogeu de sua grandeza, em termos políticos e econômicos. O sonho que ele sonhou e tentou implementar era pesadelo para os mesquinhos, mas poderosos, interesses da classe dominante e dominadora dos sacerdotes. Akenaton perdeu a batalha, mas suas ideias não perderam a guerra. Ele desejava um mundo em paz, no qual houvesse espaço para a beleza, a arte, a harmonia entre as pessoas, as famílias e as nações.

O prof. Cyril Aldred dedica dezenove páginas de seu livro, ou seja, todo o módulo intitulado "A heresia", na "Parte II: Os problemas", ao estudo da frustrada reforma religiosa. Suas pesquisas confirmam opiniões conhecidas, a de Lady Nona inclusive, de que Akenaton não teria 'criado' um novo deus. Há numerosas referências a Aton ainda em pleno reinado de Amenófis III. Ao que podemos depreender, a reforma esteve mais interessada em conceitos filosóficos, teológicos e ritualísticos do que na mera substituição de toda uma multidão de deuses maiores e menores por um deus único.

Lembra ainda que a doutrina atonista começou a ser formulada durante os primeiros tempos do reinado de Akenaton, mas há, no decorrer de todo o período, um contínuo processo de maturação das ideias que integrariam o projeto global. Parece evidente, por outro lado, que Akenaton desejou assumir não a postura de mero filho dos deuses, mas a do próprio deus solar encarnado na pessoa do faraó ou, pelo menos, a única pessoa viva com acesso direto ao deus.

Chiang Sing adota, em seu livro, essa maneira de ver as coisas, dado que apresenta textos nos quais Aton, manifestado num foco de intensa luminosidade, é uma voz que fala diretamente ao faraó. Essas falas, aliás, trazem não apenas ressonâncias bíblicas encontráveis no Antigo Testamento, como conotações que podem ser consideradas de forte coloração neotestamentária, ou seja, cristãs.

Este aspecto merece e precisa de comentário específico, dado que mesmo historiadores laicos têm observado a curiosa semelhança do belo e famoso "Hino a Aton", composto por Akenaton, com o Salmo 104, que figura sob o título "Esplendores da Criação" e que a Bíblia de Jerusalém[27] considera apoiado na cosmologia do capítulo inicial da Gênese.

Aldred[28] também chama atenção para a semelhança entre os dois textos religiosos, o de Akenaton e o Salmo, tanto "na sequência e conteúdo, como nas formas de expressão", mas que, a rigor, "nada teriam de revolucionário", uma vez que, desde remotas eras, o deus-sol é considerado o demiurgo criador do universo.

Não obstante, é diferente a avaliação de Will Durant, para quem o hino a Aton é "o maior, melhor e mais formoso fragmento que nos restou da literatura egípcia"[29] para afirmar, mais adiante:[30]
– Este, não apenas é um dos grandes poemas da história; é a primeira expressão do monoteísmo... setecentos anos antes de Isaías.

Recorro ainda a Durant, desta vez ao seu volume intitulado The age of faith (A idade da fé), para lembrar que paralelos e simetrias com o poema de Akenaton e com o Salmo 104 podem ser igualmente identificados no "Cântico ao Sol" de Francisco de Assis, composto em 1224 da era cristã, no convento de São Damião, enquanto Clara cuidava dele, depois da súbita cegueira que o acometera. Cerca de 26 séculos separam um poema do outro, nas suas origens, mas o sol continua sendo aquele que "dá o dia e nos ilumina... belo e radiante no seu grande esplendor". Só que Francisco chama ao astro-rei de "irmão-Sol" e não se esquece de cantar também, a "irmã Lua", sua companheira, bem como o irmão Vento, a irmã Água, o irmão Fogo, a mãe Terra e até a irmã Morte, mesmo porque, como diria alhures, na famosa prece, é morrendo que se nasce para a vida eterna...

Will Durant não é, contudo, o único a fazer a conexão entre Akenaton e Francisco de Assis. Encontramos referências mais explícitas sobre esse aspecto e até curiosas similitudes com o pensamento do Cristo, no escritor alemão Otto Neubert. Referindo-se ao belo hino a Aton, o Sol, opina ele:[31]
– A fé pregada por Akenaton é apropriada ao paraíso. Nem mesmo o leão e a serpente foram esquecidos. Eles deixam seus esconderijos somente depois que o disco solar mergulha no horizonte, mas, em contraste com a reputação deles no paraíso cristão, são considerados inofensivos filhos da natureza.

O autor prossegue, para dizer que, "ao contrário do santo de Assis, contudo, Akenaton não se limitou a pregar". Decidido a erradicar a antiga religião, adotou uma espécie de "ódio sagrado", algo que se revelava no "lírico poeta", o "implacável iconoclasta".

Simpático à atitude insólita do faraó-poeta, Neubert escreve um texto irretocável de seu livro.[32] Conceda-me o leitor espaço para transcrevê-lo, por tradução do inglês:

Fechou muitos templos, que lhe pareciam pouco melhores do que bordéis sagrados, e lutou por eliminar a confusão de ideias, por um apelo à clareza, à razão e ao trabalho. Aboliu, também, a corte eterna e o cerimonial eclesiástico, por entender que a humanidade estava sendo sufocada pelo formalismo. Deus deveria ser venerado por uma vida decente e não por procissões, motivo pelo qual proibiu essas alegres e barulhentas exibições.

E mais:

Akenaton ambicionava encerrar uma era e inaugurar outra, na qual todos seriam irmãos. A crença na verdade e na justiça não era suficiente. Queria para a humanidade o céu aqui na terra, um céu construído por mãos humanas. Amava as pessoas em Deus e amava Deus nas pessoas. Seu próprio modo de viver era modesto e econômico. Libertou todos os escravos e exortou os pobres e oprimidos trabalhadores e os servos a lutarem por Aton, ainda que fosse apenas porque nada tinham a perder. A vitória de Amon poderia representar somente o retorno à escravidão, à pobreza, à miséria e à morte. Garantiu-lhes que eles não precisavam mais depender dos regulamentos e das promessas dos sacerdotes porque deveriam ter leis inspiradas num senso adequado de justiça e de fraternidade humana.

É correta essa avaliação de que a reforma de Akenaton transcendia o ambiente estritamente religioso da época, mesmo porque, sendo a religião um roteiro para o intercâmbio com Deus, tudo na vida é religião, de vez que tudo tem a ver com o comportamento da criatura na sociedade em que vive, e não especificamente com esta ou aquela maneira de cumprir ou descumprir rituais, assumir esta ou aquela postura, recitar fórmulas mágicas, submeter-se a determinadas práticas ou acreditar neste ou naquele aspecto intocável do corpo doutrinário. No entender do grande reformista, até os animais de carga deveriam terminar seus dias nas melhores pastagens, como que aposentados com dignidade ao merecido ócio. Sua reforma era, pois, muito mais ampla e profunda do que possa parecer à primeira vista e baseava-se no conceito de que todos deveriam viver em paz e que Aton era um deus de amor, amor universal, cósmico, transcendente. Por tudo isso, acha Neubert que o pensamento do faraó-filósofo era "incompreensível para o Egito" de sua época.[33]

Numa clara demonstração de como se tornou difícil avaliar corretamente aquelas pessoas e aqueles tempos, Neubert informa que, ao final, todos se voltaram contra ele, até mesmo Nefertite, a bela e amada esposa dos primeiros tempos, ainda na adolescência.

Em Chiang Sing lemos coisa diversa. O cenário que essa autora nos mostra é o de um império que se desfaz, porque o faraó cuidava mais de teologia e de poesia do que dos negócios de estado. Por isso, a produção entrara em declínio, a economia tendia para um estado de desorganização, os inimigos internos tramavam a destruição do faraó e os externos viam, com fundadas esperanças, a possibilidade de se livrar do jugo e, por conseguinte, do pagamento de pesados e humilhantes tributos que possibilitavam à casa reinante do Egito poderio e esplendor nunca vistos. Esse era o clima em que os sacerdotes de Amon trabalhavam para recuperar a perdida hegemonia e o largo espaço que estavam habituados a ocupar nas estruturas do poder político.

Nefertite não poderia deixar de notar que o país caminhava para a desordem que, eventualmente, acabaria resultando em desastre certo para os ideais e os sonhos de seu marido, mas Chiang Sing nos assegura que ela continuou fiel a ele e a esses sonhos. Na visão da escritora brasileira, as pressões mais fortes vinham da própria rainha-mãe, a poderosa Tiy, viúva de Amenófis III, que ainda manipulava considerável massa de poder político. Dotada de boa dose de realismo político e, provavelmente, influenciada por Eje, seu amigo pessoal e sumo-sacerdote de Amon, ela pressionou para que Akenaton, seu filho, se reconvertesse ao deus antigo, ou, como alternativa ainda aceitável, renunciasse ao trono em favor de Semenkarê, principezinho ainda infante, que deveria regressar a Tebas. Lá, seria o novo faraó facilmente manipulável pelos inimigos de Aton. Essa, aliás, é uma versão que não se choca com as breves, mas objetivas, observações de Lady Nona ao dr. Wood, ao afirmar que Tiy manteve-se ao lado dos sacerdotes de Amon, mesmo em plena campanha de Akenaton pela implementação do culto universal a Aton, o deus único.

Segundo Chiang Sing,[34] Akenaton acabou cedendo às pressões de Tiy, indicando, como sucessor, Semenkarê, o filho que tivera com Sitamum, uma esposa secundária. O menino, ainda segundo vontade de Tiy, deveria casar-se imediatamente com outra criança, sua meia-irmã Meritaton, filha do faraó com Nefertite, com o que esta não concordava.

No relato de Chiang Sing, a cena é dramática e o diálogo, tempestuoso. Akenaton, porém, teria insistido em manter a decisão de sua mãe Tiy, que fazia sua também, ao encampá-la. Cansado e apático, declarou ter sido um erro sua reforma religiosa e que Amon não era um falso deus, como quisera fazer crer. O casamento tinha de ser realizado e o jovem casal deveria mudar-se prontamente para Tebas, que voltava à condição de capital do Egito, após o breve período em que o país fora dirigido de Aketaton. Era o preço imposto pelos sacerdotes de Amon, que somente aceitariam Meritaton como esposa do co-regente Semenkarê dado que, filha de rei e de rainha legalmente constituídos, a menina legitimava o direito de sucessão.

Se isto se passou dessa maneira, não se pode assegurar, mas é certo que teria sido uma decisão de pragmatismo político bem típica, aliás, de uma cabeça realista como a de Tiy, que, em todo o rigor, não pode ser sumariamente condenada neste episódio, de vez que ela apenas teria manobrado para salvar a nação egípcia do caos total, político, econômico, social e até mesmo religioso. É que as religiões têm sido, no correr dos milênios, motivação mais frequente de disputas e rivalidades do que de pacificação e entendimento entre as criaturas.

Seja como for, Nefertite caiu mesmo em desgraça e passou a viver segregada no palácio que lhe fora reservado, enquanto Akenaton vagava pelo seu, abandonado por todos, exceto servidores e assessores mais chegados e fiéis. O centro nervoso do império deslocara-se para Tebas, onde Tiy continuou a exercer substancial parcela de poder, mesmo porque o co-regente e a esposa eram duas crianças. Nos bastidores, Ay e Horemheb disputavam o privilégio maior de subir ao trono. Segundo Chiang Sing, contudo, Nefertite não teria sido diretamente repudiada ou degradada; ela simplesmente recuou para a penumbra por não encontrar mais no seu marido e faraó os ideais mútuos que fizeram deles o casal perfeito, que se mostra nos belíssimos painéis de pedra como personagens reais de um idílico amor conjugal. Por mais belo e sólido que fosse, o amor não teria resistido ao impacto do que ela teria, possivelmente, considerado como verdadeira traição. Ainda segundo Chiang Sing, Nefertite entendia que seu marido perdera as vinculações espirituais e o apoio para os seus ideais, na medida em que se deixou envolver nas malhas de uma sensualidade exagerada, que o levou a outras esposas, inclusive uma de suas próprias filhas, além de alguns adolescentes preferidos.

Os registros da época preservaram as melancólicas reflexões de Akenaton ao perceber que ficara sozinho com os escombros de seus sonhos, na pior de todas as solidões, a do poder.

– O reino eterno – diria o faraó – não cabe em limites terrestres. Tudo voltará a ser como dantes. O medo, o ódio e a injustiça voltarão a reinar e as criaturas sofrerão de novo. Teria sido melhor não ter nascido, a contemplar todo o mal que existe sobre a terra.

Assim, após os dezenove anos de governo do faraó-teólogo-poeta, os templos de Amon voltaram a encher-se de gente, enquanto os sacerdotes, mancomunados com inúmeros outros descontentes das classes dominantes, desencadeavam dura campanha de perseguição e vingança. Estavam de volta os dramáticos rituais, as procissões vistosas, o rendoso comércio das relíquias e amuletos salvadores, enquanto o sonho monoteísta e de justiça social de Akenaton passara a ser considerado um pesadelo que era preciso esquecer o quanto antes. O próprio Egito parecia ter perdido a proteção de seus deuses, injuriados pelo culto rival.

Neubert lembra que a avançada teologia de Akenaton foi tão estranha ao Egito de seu tempo, como seria a doutrina de Jesus à Palestina de quase milênio e meio depois.

Em mais um dos seus curiosos insights, Neubert aproveita a oportunidade para declarar que vê "inúmeros pontos de semelhança entre os ensinamentos do Cristo e os de Akenaton". E se pergunta: "Será que o destino enganou-se?" De minha parte, entendo que a resposta é: –Não! Antes de vir pessoalmente trazer sua doutrina, foram muitos os emissários que Jesus enviou à terra. O pensamento de Akenaton e o do Cristo se parecem porque são um só, brotam da mesma fonte inspiradora, nascem do mesmo foco de luz. Também o deus único de Akenaton era um deus de amor e também para ele os seres humanos são irmãos e irmãs e deveriam viver em paz com a natureza, com as leis divinas, com os animais, as plantas e consigo mesmos, sem disputas e rancores destrutivos, quando tanto há para construir. O sonho é o mesmo, como podemos ver também em Lady Nona, ao preconizar uma era de entendimento, infelizmente distante, porque ainda na dependência do que as pessoas decidam fazer de si mesmas.

Não foi, pois, o destino que se equivocou com a época, suscitando um poeta e teólogo investido de poder político. Os que formularam esse projeto sabiam muito bem que os tempos ainda não estavam maduros, mas também não ignoravam que, sem os precursores que contribuem com o sacrifício pessoal, jamais se terá a desejada maturação. O Cristo igualmente sabia que não chegara ainda o momento certo para implantação de sua doutrina de amor maiúsculo, mas, se ele não tivesse vindo, quando iria ocorrer a suprema realização? Pois se até hoje, dois milênios a mais, ainda não conseguimos entender e contribuir decisivamente para que se implante na terra o Reino de Deus, com o qual também Akenaton sonhou!

– No sol temos nossas origens – poetou o faraó herético – e ao sol retornaremos, à medida em que gerações seguem gerações na eternidade.

Se trocarmos geração por reencarnação, teremos a precisa doutrina de Jesus, ao ensinar a Nicodemos que é preciso nascer de novo para conhecer o Reino de Deus em todo o seu resplendor.

Isto nos remete ao Evangelho de Tomé, texto gnóstico escrito em copta, encontrado em Nag-Hammadi, Egito (onde mais?), e que diz, no logion 50:

Jesus disse: – Se lhes disserem: – De onde vêm vocês? Respondam: – Nascemos da luz, lá, onde a luz nasce de si mesma; ela se ergue e se revela na sua imagem. Se lhes disserem: – Quem são vocês? Digam: – Somos seus filhos e eleitos do Pai Vivo. Se lhes perguntarem: – Qual o sinal do Pai que está em vocês? Digam-lhes: – É um movimento e um repouso.

Akenaton puro. Ou Francisco de Assis. Melhor ainda: o Cristo.

– Louvado sejas, Senhor, com todas as tuas criaturas – escreveu Francisco –, especialmente nosso irmão, o Sol, que nos traz o dia e a luz, formoso, radiante, cheio de esplendor, símbolo de tua divina claridade!

Neubert lamenta que as identificações da doutrina de Akenaton com a de Jesus tenham de ficar em breves referências, no seu livro. De acordo. O tema é fascinante e merece tratamento mais atento e está à espera de pesquisadores dispostos a levá-lo a bom termo.

A mim, particularmente, alegra-me ler coisas como estas no livro do escritor alemão. No seu modo de ver, teria sido infinitamente melhor para toda a humanidade se a doutrina de Akenaton houvesse prevalecido, naquele tempo, sobre as paixões humanas. Tem toda razão Neubert, como também Lady Nona, a lamentarem a fixação das criaturas na ânsia incontrolada pela posse, pelo mando, pelo exercício incontestado do poder.

Akenaton estava abrindo novos caminhos rumo a uma harmonização dos seres humanos entre si e com a natureza que lhes serve de moldura e instrumento de trabalho. Muito mais cedo, na história, teríamos chegado à óbvia conclusão de que não apenas Deus é único, mas que é verdade, é amor e justiça e que, no dizer de Neubert, não está nas nuvens, mas aqui mesmo, no âmbito de cada um de nós, na intimidade mesma do nosso ser.

Essa teologia, contudo, ainda era inaceitável ao Egito dominado por uma casta sacerdotal que se acostumara a conviver com o exercício de um poder incontestável civil, material e espiritual, sobre todas as criaturas, do faraó até o último e maltrapilho mendigo. Os cristãos, lembra Neubert, ainda sofreriam por motivações semelhantes, desde o confronto com a Roma dos césares até a intolerância medieval.

Os heréticos, como Akenaton, demonstraram ser, repetidas vezes na história, os mais devotados servidores da justiça, ensina Neubert.[35] O próprio Cristo foi o maior deles e o mais severamente punido.

A imagem do Cristo como sublime e respeitável herético é conceito que eu subscreveria com prazer e convicção. Aliás, já o fiz, procurando demonstrar, em um pequeno estudo "Bem-aventurados os heréticos",[36] que, se hoje temos o cristianismo, ainda que distorcido e divorciado de suas origens, devemo-lo a Jesus, o maior dos heréticos, que veio pessoalmente contestar, sem conflitar-se, com os cultos então vigentes.

Mais uma vez, pouco adiante, o autor alemão volta a comparar Akenaton com Francisco de Assis, que também escreveu um belo poema, no qual o sol figura como glorificação do deus único. Neubert menciona, ainda, a elegia An den Ather, de Holderlin, como provavelmente influenciada pelo cântico imortal de Akenaton.

Se Francisco de Assis teria sido uma reencarnação a mais do antigo faraó herético, separados por cerca de dois milênios e meio, não temos como provar. Como demonstrar a materialidade do imaterial, o peso do imponderável, a marca do invisível, o som do silêncio, a intensidade milimétrica do amor ou da dor? Sem dúvida alguma, porém, a especulação é sedutora, imensamente rica em lições de vida. A doutrina universal do amor e a da fraternidade não puderam ser implantadas do alto do trono egípcio, mas foram novamente semeadas no solo da Europa medieval, supostamente pelo antigo faraó, desvestido, então, de todo poder político, econômico, social ou eclesiástico, mas ainda herético, se bem que moderado, sutil, pregando a doutrina do amor em toda a sua pureza cristalina, em toda a grandeza da sua humildade cósmica.

Contemplado bem de perto, Francesco Bernardone era apenas um jovem paupérrimo, mal vestido, sonhador, poeta, movido pelo sonho de convencer o ser humano de que todos somos irmãos, do peixe ao arcanjo, porque criaturas do mesmo Deus de amor. A doutrina é a mesma, é a do Cristo, e até o emissário pode ter sido o mesmo, uma vez como faraó, outra como um pobre frade descalço, que nem pelos seminários passou, dado que já viera 'ordenado' por aquele que o enviou.

E já que estamos em clima de especulação, um tanto fantasista para o gosto de muitos, uma pergunta a mais: teria sido a doce Clara de Assis, a suave Nefertite de antanho, "a bela que veio"?

O salmista, Akenaton e Francisco demonstraram, portanto, que a teologia não é incompatível com a poesia. Não seria surpresa para mim, se algum dia descobríssemos que são a mesma entidade espiritual em diferentes romagens pela vida terrena, eventualmente mergulhada na matéria densa, mas sempre sonhando com a luminosidade dos amplos espaços cósmicos, por onde passeiam os astros e os seres a caminho de Deus...

Cyril Aldred não identifica qualquer indício de panteísmo no hino a Aton,[37] nem lhe atribui, como vimos, a menor originalidade, ao opinar no sentido de que o texto contém "ideias e expressões que há longo tempo frequentam a literatura religiosa". Acha mesmo o eminente egiptologista que a novidade do poema de Akenaton está, "não no que expressa, mas no que não diz", dado que não faz qualquer referência a nenhum outro deus.

Acrescenta Aldred, pouco adiante,[38] a observação de que os demais deuses não são injuriados nos escritos de Akenaton; eles são "totalmente ignorados".

É certo isso, mas há evidências posteriores de que, nos últimos tempos, talvez em insuportável desespero, Akenaton determinou severa campanha com o objetivo de varrer do Egito qualquer referência aos demais deuses, apagando até nomes de faraós anteriores que incluíssem a palavra Amon, como o de seu próprio pai, Amenotep III, que, como sabemos, os gregos mudaram para Amenófis, nos seus escritos.

Ainda no seu erudito módulo sobre a heresia atonista, Aldred trabalha para minimizar o impacto da construção da nova capital do império. Embora a opinião consensual dos historiadores seja a de que Aketaton (a atual Amarna) tenha sido considerada resultante de uma decisão política, com o objetivo de reduzir ou desafiar o poder exercido em nome de Amon, pelos seus sacerdotes, o autor acha que essa maneira de ver as coisas precisa de alguns reparos. Lembra ele o costume predominante de diferentes deuses terem determinadas cidades como ponto central do culto a eles devido. Em Mênfis, era Ptá, em Heliópolis, o próprio deus solar Aton-Rá, em Tebas, Amon, e assim por diante. Dentro dessa ordem de ideias, Aketaton seria, portanto, apenas a cidade dedicada a um antigo deus que assumia novas características e cujo culto passava a ser regido por uma nova ritualística, apoiado em uma teologia reformulada.

Acha mesmo o prof. Aldred que esse conceito de um "império (sacerdotal) dentro do império (político)", a ponto de desafiar o poder constituído, é mera invenção dos historiadores do século XIX. Obviamente, não tenho competência nem conhecimentos suficientes para contestar a opinião do eminente egiptologista, mesmo porque seu livro, ao qual temos recorrido com enorme proveito, foi considerado trabalho-padrão, verdadeiro clássico quanto ao controvertido período de Akenaton. É, no mínimo, sintomático, contudo, que a autoridade de Akenaton pareça desafiada pelo culto dominante de Amon, fortemente plantado com suas raízes em Tebas. Reduzida a uma condição secundária, ao deixar de ser a capital do Egito, após a morte de Amenófis III, não seria de admirar-se uma reação de grandes proporções por parte dos tebanos, mesmo sem que os interesses da religião dominante tivessem sido inteiramente respeitados, o que não aconteceu. Enquanto viveu Amenófis III, ainda foi possível ignorar a realidade de Aketaton, mas depois que seu filho e sucessor, Amenófis IV, mudou até o próprio nome para Akenaton e deixou bem claro que, dali por diante, o deus único seria Aton e sua cidade-sede, Aketaton, a capital política e religiosa do reino, as coisa se tornaram claramente inaceitáveis para a poderosa estrutura de poder montada em Tebas pelo culto dominante de Amon. É preciso ainda considerar que, tão logo Akenaton morreu, pressionado por todos os lados, até pela sua mãe, Tiy, para reverter ao culto de Amon a fim de aplacar a fúria ciumenta dos sacerdotes, os novos faraós-meninos que o sucederam trocaram Aton por Amon, em seus nomes. E não parece que isso tenha sido feito espontaneamente. Até as filhas do faraó herético passaram por essa humilhante alteração em seus nomes.

E mais, ainda. Terminados, pela morte, os curtos mandatos dos dois sucessores de Akenaton, quem subiu ao trono foi Ay, que exercera em Tebas, segundo lemos em Aldred,[39] o elevado cargo de Segundo Profeta de Amon. O sacerdócio do culto dominante, portanto, manobrara ou pelo menos apoiara um dos seus para exercer diretamente o poder, em vez de se contentar em manipulá-lo sorrateiramente, nos bastidores, pela intriga. Aliás, Aldred observa, nesse mesmo ponto, que o sacerdócio de Amon "deveu sua reabilitação e prosperidade inteiramente aos faraós do período post-Amarna", ou seja, depois de Akenaton. Ay legitimou seus duvidosos direitos ao trono, casando-se com a sua própria neta, Ankhes-en-Amon, filha de Akenaton e Nefertite, e viúva de Tutankamon, se é que podemos admitir como legítima a paternidade da bela rainha, segundo propõe Cyril Aldred, sobre o que também tenho minhas dúvidas, com todo o respeito devido ao ilustrado historiador.

Ay e Haremhab disputavam o trono com igual ansiedade e pelos meios disponíveis a cada um. Ay resolveu a questão, como vimos, casando-se na família real, mas seu rival não desistiu do propósito de chegar, mais cedo ou mais tarde, ao trono egípcio, mesmo porque havia exercido importante cargo no reinado de Tutankamon. Não se sabe, ao certo, se ele galgou o trono por meio de um golpe militar, após a morte de Ay; Aldred, contudo, assegura que ele contou com o apoio do sacerdócio de Amon[40] e, mal instalado no poder, desencadeou "terrível vingança" sobre seus antecessores, no dramático esforço de apagar os nomes deles da história, onde quer que houvesse qualquer referência a eles. Desejou fazer crer que herdara o trono diretamente de Amenófis III, sem nenhum intermediário, ou seja, ignorando-se Akenaton, Tutankamon e Ay.

Seu reinado foi longo, trinta anos, na cronologia de Manetho, revista por Aldred.[41] Com ele, encerra-se a 19ª dinastia, que cede sua vez na história à 20ª, em 1320, com o primeiro Ramsés.

O que depreendemos desses informes, portanto, é que o sacerdócio de Amon não apenas desafiou o poder político de Akenaton, como identificou nele um inimigo mortal do qual era preciso desfazer-se o quanto antes e a qualquer preço. Chiang Sing, como vimos, conta que os sacerdotes recorreram até a magia negra para se verem livres daquele incômodo faraó herético que tentou humilhar Amon e sua gente.

Tanto isso faz sentido que Aketaton, a nova capital dedicada a Aton, foi literalmente abandonada após a efêmera glória de Aton, e os faraós (ou candidatos a) dispostos a colaborar com Amon, restaurando-lhe o poderio desafiado, receberam apoio decisivo dos amonistas, como também vimos.

A despeito da autorizada opinião do eminente prof. Cyril Aldred, portanto, ainda prefiro ficar com Lady Nona e Vola, que confirmaram a inconformação dos sacerdotes de Amon e as providências por eles adotadas, em conchavos de bastidores, com a finalidade de colocar no poder civil alguém em quem pudessem confiar, sem sobressaltos. Não me parece, pois, legitimamente apoiada nos fatos qualquer dúvida de que o poder religioso tenha sido um "império dentro do império" e que desafiava o poder do próprio faraó. Lady Nona sabia, pois, do que falava, ao explicar que morreu porque tentara neutralizar uma das muitas conspirações forjadas nos bastidores da intriga palaciana, com o objetivo de passar as rédeas do poder diretamente para as mãos do ambicioso sacerdócio de Amon, mesmo que isto significasse a eliminação do velho, doente e cansado faraó Amenófis III. Fico com ela, portanto.

Ainda uma boa razão a mais caíra literalmente do céu (de Amon) nas mãos hábeis dos sacerdotes amonistas: a inescapável evidência de que Amon era muito mais deus que Aton, de vez que este teria fracassado na sua condição de protetor do Egito e de seu faraó, ao passo que, ao tempo de Amon, o país nadava, literalmente, em ouro e exercitava sua musculatura político-militar à custa de vários povos avassalados e, principalmente, pagantes.

TIY, A GRANDE ESPOSA REAL 7

Chiang Sing[42] apresenta Tiy como mulher "calculista, inteligente e astuta" e acrescenta que ela fora uma "passarinheira (vendedora de pássaros) nos bosques de junco e de papiro." Seu pai, Yua, era caçador antes de se tornar sacerdote de Min, deus da fertilidade. Yua casou-se com Tuia, que, segundo Chiang, era "dama da corte da rainha Mutemu, princesa mitaniana que desposou Tutmés IV" e, com esse faraó, teve o menino que seria Amenófis III. A legenda escrita para a foto que exibe a cabeça de Tiy esculpida em ébano[43] diz, em parte, o seguinte: "O intenso realismo desta escultura confirma plenamente a origem núbia da rainha e sua personalidade marcante". É conhecida como Núbia a região nordeste da África, entre o Egito, o mar Vermelho e o deserto da Líbia. A *Encyclopaedia Britannica*, contudo, adverte, no seu verbete,[44] ser mais uma expressão geográfica do que indicativa de uma região perfeitamente delimitada. Informa, ainda, que o termo em si quer dizer `escravo`, num dos dialetos locais. Realmente, a Núbia foi, em tempos, um dos grandes celeiros de escravos.

É, de fato, de grande realismo e expressividade o rosto de Tiy esculpido no ébano. Embora o nariz seja delicado e um tantinho arrebitado, os lábios são grossos e exibem uma linha firme, nos quais se lê um ar de desdém e, certamente, de obstinação e autoridade. O genial escultor anônimo conseguiu, ainda, colocar no olhar da rainha uma expressão melancólica e sonhadora.

A Encyclopaedia Britannica[45] parece admitir, como Chiang Sing, a ideia de que Tiy vinha de modestas origens. Ao mencionar Amenófis III (prefere a grafia egípcia Amenotep), a 'Britânica' informa ter ele se casado com "uma certa Tiy, que, apesar de proveniente de família humilde, foi tida em grande honra pelo marido e, mais tarde, pelo filho." (Akenaton).

Essa não é, contudo, a opinião do prof. Cyril Aldred, que reserva largo espaço, em seu livro, para a Grande Esposa Real, atribuindo-lhe importante papel nos eventos de sua época, o que é estritamente verdadeiro.

Para Aldred, Tiy não provinha de gente humilde e obscura, ao contrário, vinha de família importante e rica. Seu pai, Yuya, segundo esse autor,[46] seria originário de Akhmim, capital da Nona Província do Alto Egito, "onde, sem dúvida, tinha propriedades" e onde serviu ao deus Min, como profeta e superintendente dos rebanhos. Como também exerceria, mais tarde, o cargo de chefe da estrebaria real, o status de Tiy, sua filha, foi considerado suficientemente bom para casar-se com o faraó. Já a posição de Grande Esposa Real deveu-se, por certo, não ao status, dado que não faltavam princesas locais e estrangeiras para o rei, mas aos seus indiscutíveis talentos e à sua forte personalidade.

Aldred admite, mesmo, que Tiy tenha sido parente colateral do próprio faraó e marido, já que Yuya, seu pai, seria aparentado com Mutemwiya, mãe de Amenófis III. Esse vínculo, segundo o autor, pode ser depreendido de uma inscrição existente numa figura esculpida, hoje no Museu Metropolitano de Nova York, segundo a qual certo Yey, importante personalidade da corte, teria uma filha que seria Mutemwiya, casada com Amenófis III, e mais, que Yey seria pai de Yuya, e, portanto, avô de Tiy. Não sei o que pensa o leitor de todo esse jogo de suposições, mesmo porque estamos cansados de ver que a história do Egito é feita mais de especulações e hipóteses do que de certezas. De minha parte, contudo, acho tênue demais a evidência oferecida pelo brilhante dr. Aldred, ainda que não disponha de autoridade ou conhecimento para contestá-lo. Seja como for, Mutemwya era uma das mulheres importantes da família real e sensível foi a influência por ela exercida no início do reinado de Amenófis III, seu filho.

Esse mesmo egiptólogo acha que Tiy teria ainda um irmão, por nome Anen, que exerceu relevante função na corte, em Tebas, onde fora o segundo dos quatro Profetas de Amon e "o maior dos videntes" no templo de Rá-Aton. Esse irmão teria mesmo abandonado a carreira militar, mais compatível com sua gente do ramo paterno, para devotar-se aos afazeres sacerdotais. Ao que se sabe, Anen não fazia muito alarde de seu parentesco com o faraó, ao qual, contudo, tinha acesso fácil. Sua identificação como cunhado do faraó deve-se a uma inscrição em que seu nome aparece como um dos filhos de Tuyu, esposa de Yuya e, portanto, mãe de Tiy.

As meticulosas buscas de Aldred levaram-no, ainda, à suposição de que também Ay, futuro faraó, como vimos há pouco, deveu sua relevante posição hierárquica na corte de Amenófis III ao fato de ter sido irmão de Tiy e, portanto, cunhado do faraó. Em mais uma cadeia de raciocínios, Aldred chega à conclusão de que Ay teria sido, ainda, pai de Nefertite e, por conseguinte, sogro do futuro Akenaton. Não obstante, como o próprio egiptólogo admite, a genealogia de Nefertite é um dos enigmas da história naquele período. Como esposa principal de Akenaton, ela deveria ser, como lembra Aldred, uma princesa herdeira, ou seja, filha de Amenófis III e Tiy, o que alguns especialistas têm proposto. Há, porém, quem a identifique com Tadukipa, princesa mitaniana enviada pelo rei Tushrata para casar-se com Amenófis III. Esta versão, ou hipótese, a crer-se nas demoradas pesquisas de Chiang Sing para substanciar sua narrativa, tangenciou de muito perto a verdade. Para Chiang, Gilukipa (e não Tadukipa) era, de fato, princesa mitaniana, casada com Amenófis III, mas não deve ser confundida com Nefertite, sua filha com o faraó. Esta versão resolveria a tradicional exigência lembrada por Aldred de que a esposa do faraó teria de ser, usualmente, uma princesa de sangue real. Como filha de Amenófis III com uma das esposas, ainda que estrangeira e não a principal, Nefertite era uma princesa e, por conseguinte, meia irmã de Amenófis IV, seu marido. Nada tinha a ver, portanto, com Tiy, nem com Ay, que Aldred sugere ter sido seu pai. Nova dificuldade encontra esse autor, neste ponto, para justificar essa hipótese, de vez que, sendo a bela Nefertite filha de Ay, teria de ser também filha de Tey, sua esposa (Não confundir com a rainha Tiy!), o que os registros sobreviventes não autorizam. Inscrições com referência a Tey consideram-na 'ama' ou 'tutora' da Grande Esposa Real e não sua mãe, o que exclui também a hipótese da paternidade de Ay.

É uma pena que Lady Nona não tenha podido trazer alguma contribuição pessoal para ajudar a decifrar o enigma da genealogia de Nefertite. Gilukipa, a princesa mitaniana que Chiang Sing considera mãe dela, casou-se com Amenófis III no décimo ano do seu reinado de trinta e seis. Também ela desaparece da história de modo inexplicado e, por isso, o dr. Wood chega a considerar a hipótese de que tenha sido ela a própria Telika, sob outro nome, mas logo observa que a cronologia discrepa. Gilukipa é esposa do primeiro terço do reinado de Amenófis, ao passado que Telika somente viria a casar-se já nos anos finais do reinado. De comum têm apenas os fatos de que ambas eram estrangeiras e desapareceram de maneira misteriosa. Nada mais. Perguntada pelo dr. Wood se era Tiy ou Gilukipa, Lady Nona respondeu que nenhuma das duas, mas outra pessoa.[47] Perguntada, em outra oportunidade, sobre Gilukipa, Nona respondeu:[48]

– Não me lembro desse nome. Penso que ela deve ter morrido (antes). Não havia ninguém importante no meu tempo, exceto a rainha e eu.

Embora declarando não ter conhecido Gilukipa, ou não lembrar-se dela, é bastante provável que Telika (Lady Nona) tenha conhecido Nefertite na corte, mesmo porque ela era ainda muito jovem quando se casou com Amenófis IV, o futuro Akenaton. Ou, então, Nefertite teria sido, por aquele tempo, apenas uma bela menina ainda anônima na multidão de gente que compunha o harém do faraó e que não teria sido notada por Telika, a nova esposa real.

Seja como for, fico com a versão proposta por Chiang Sing que, a meu ver, tem também seus componentes e apoios mediúnicos, embora sutis.

Não há a menor dúvida, porém, qualquer que seja sua origem, de que Tiy foi a Grande Esposa Real de Amenófis III e exerceu, em sua plenitude, sua indiscutível liderança, ocupando todos os espaços a que tinha direito. Ela figura nos documentos, estelas e monumentos comemorativos sempre em posição de destaque, ao lado do faraó. Ela exerce importante papel em Amarna, onde, como rainha-mãe e viúva, foi nomeada oficialmente conselheira de Akenaton, seu filho. Morreu entre o 12º e o 17º ano do reinado deste (Aldred crê que mais para o fim), foi sepultada com todas as honras que lhe eram devidas, e teve o seu templo, onde figurava como deusa, culto que durou até bem depois de sua morte.

Aldred atribui-lhe outros filhos e filhas com Amenófis. Sitamon, foi uma delas e teria, mais tarde, se tornado esposa do próprio pai. Há notícias de um filho por nome Tutmés, mais velho do que Akenaton e que seria o herdeiro, mas nasceu morto. Aldred admite, ainda, que Tutankamon tenha sido filho dela,[49] como também Semenkarê.

Há, porém, um consenso nas diversas e usualmente divergentes opiniões: a rainha Tiy foi uma mulher de forte personalidade, dinâmica, autoritária, inteligente e muito à vontade na manipulação das pessoas e, por conseguinte, no uso do poder, do qual o faraó lhe concedia (ou ela tomava) generosa porção. Ao resumir a visão geralmente aceita pelos especialistas, em relação a essa época, Cyril Aldred observa[50] que Amenófis III é tido como "típico potentado oriental, excessivamente solícito com a esposa e indolente". Tiy, por sua vez, é usualmente considerada "mulher de origens plebeias, cujo rosto saturnino (sombrio e triste) levou alguns egiptologistas a considerarem-na temperamental a ponto de dominar até o faraó. Aldred acha essa avaliação meramente subjetiva e a considera injusta ao caráter de Amenófis, que deixou a marca de sua personalidade nas suas realizações pessoais.

Do depoimento mediúnico, deduz-se claramente que Lady Nona não tentou ignorar a Grande Esposa Real. Reserva seu próprio espaço, junto ao faraó, mas reconhece a óbvia precedência da outra e de mais ninguém, na corte. A despeito da imagem de esposa amada e favorita, que se preservou nos monumentos e papiros, Tiy é considerada por Lady Nona, como vimos, pessoa muito ambiciosa, exigente com as pompas e homenagens tradicionais a que tinha direito.[51]

Ao contrário do que supõe Cyril Aldred, Nona não faz segredo algum de que Tiy dominava todo o cenário:

– ... sempre achei – diz ela, no seu depoimento ao dr. Wood – que, não fosse pela influência dominante da rainha, a nova religião poderia ter aprofundado suas raízes ainda durante o reinado do nosso faraó. Seu filho não era uma força. Sua inteligência era aguda, mas ele não tinha personalidade. A rainha é que governava o Egito. Ela apoiava o sacerdócio. Tinha um traço cruel na sua natureza que a fazia temida pelos outros. Como rainha, dispunha de legítimos poderes próprios, escassamente menores do que os do faraó. Seja como for, se aquele período durasse um pouco mais, poderia ter mudado o curso da história: faltou pouco!

Ao comentar essas observações de uma testemunha viva da história, o dr. Wood lembra que o prof. Peet (T. E. Peet) é um dos poucos egiptólogos a entender que a história foi excessivamente generosa com a imagem da rainha Tiy,[52] o que parece confirmado no depoimento de Nona. E acrescenta:[53]

– O fato de que Tiy tenha sobrevivido ao seu marido e estava ainda viva quando seu filho instituiu suas grandes reformas religiosas não prova – como tantos historiadores têm afirmado – que ela o orientou naquela histórica reformulação. Se Nona está certa, a rainha favoreceu os sacerdotes que se opunham tenazmente às reformas de Akenaton.

É o que também penso e é a versão que Chiang Sing adota no seu livro, obra romanceada, mas com excelente suporte de pesquisa e erudição pessoal da autora.

Em Ancient Egypt speaks, o dr. Wood redesenha o cenário e confirma o caráter das personalidades envolvidas nos dramáticos episódios da época. Aliás, vale a pena chamar atenção para este aspecto particular da narrativa do dr. Wood. É que Nona declarara, logo de início, que fora sacrificada por ordem expressa do faraó, uma vez descoberto seu envolvimento numa conspiração palaciana para eliminar um sacerdote que tramava contra a existência do faraó e a dela própria. Algum tempo depois, ela se mostra "horrivelmente desapontada" ao verificar as imprecisões que contaminaram suas primeiras tentativas de contar sua história através da mediunidade de Rosemary. Ficamos sem saber se faltou a ela ou à médium experiência com o fenômeno. Ou, quem sabe, pensando melhor, ela resolveu recompor a imagem do faraó, inocentando-o da sua condenação. Diz ela, na sua versão retificada, "que sua influência junto ao faraó, especialmente na questão da nova religião, tornou-a odiada e temida pelos sacerdotes (de Amom, naturalmente) e da rainha Tiy, a ambiciosa e dominadora primeira esposa do faraó. Tiy" – prossegue o dr. Wood[54] – "não apoiava a nova religião", o que põe os 'arquivos' de Rosemary em completo desacordo com a opinião dos historiadores que atribuíram à impetuosa Esposa Real o papel de incentivadora do novo culto.

Nesse ponto, dr. Wood transcreve a opinião do prof. Peet, segundo o qual Tiy teria sido "uma dessas personalidades às quais a história tratou melhor do que merecia". Acrescenta Peet, por outro lado, que a rainha "teve pouca influência ou nenhuma, tanto na vida de seu marido, como na revolução religiosa empreendida por seu filho". De certa forma, portanto, a opinião dele se aproxima da que vimos há pouco enunciada por Cyril Aldred. Mais uma vez, contudo, o depoimento de Lady Nona explode ambas, ao declarar que a autoritária e impetuosa Tiy não apenas contribuiu, sim, para retardar a implantação das reformas, como exerceu considerável influência sobre o marido, a ponto de ser considerada por Nona a pessoa que de fato governava o Egito. Como as posições aqui são muito extremadas, creio que poderíamos ficar a meio-termo. Não deve ser de todo afastada a hipótese de que Lady Nona, a antiga Telika, ainda guarde certa má vontade quanto à antiga rival, hierarquicamente superior a ela na escala de valores do poder. E, por isso, carrega um tanto nas tintas ao pintar-lhe o retrato falado.

Seja como for, o que se depreende é que Tiy foi uma mulher de marcante personalidade e que certamente não teria hesitado, em nenhuma circunstância, em promover seus interesses e ambições, utilizando-se dos poderes pessoais de que dispunha, à sombra do poder maior e absoluto de seu marido e rei.

Em depoimento posterior,[55] Nona volta ao problema da personalidade de Tiy ao declarar:

A rainha tinha o desejo obsessivo de dominar. Ela temia a nova religião. Odiava qualquer novidade e se agarrava aos antigos rituais. Mesmo na corte, ela não oferecia novas ideias. Ela se mostrava determinada em se destacar e se fazia desagradável aos outros. Era uma mulher dominadora com uma forte aura física que deixava os circunstantes cansados e exauridos de toda a energia. Até mesmo o faraó sentia isso. Ainda acho que, se o poder dela fosse retirado e tivesse o jovem Akenaton sido cercado de simpatizantes, a história subsequente do Egito teria sido diferente: acho até que o império não teria desmoronado. Ele tem sido acusado demais por isso. Ele era sábio, inteligente, suave e gentil; o que lhe faltava era coragem, mas ele suportou tudo sozinho.

Em uma de suas próprias incursões pelo passado, Rosemary, regredida à antiga personalidade de Vola, confirma a avaliação de Nona, ao declarar:[56]

Aqueles sacerdotes sabiam que tudo estava bem, no que dependesse dela! Por isso é que agiram daquela maneira, despejando mentiras nos ouvidos do faraó o dia todo! E ele está tão doente (tempo presente) que acredita em tudo quanto lhe dizem eles. Eu gostaria de fazer alguma coisa. Ela é a verdadeira governante, afinal de contas, mas não é amiga de Nona. Ela está determinada a conservar tudo do jeito que ela deseja... Sim, e nós, também!

No terceiro dos seus livros, *This egyptian miracle*, conta o dr. Wood que as lembranças de Vola, ou seja Rosemary, são muito mais bem definidas do que as da própria Lady Nona. Segundo Vola, Telika exerceu uma influência muito grande naquele período turbulento, mas nada disso ficou documentado em papiro e pedra que tenham chegado até nós.

– Foi ela (Telika) – escreve Wood[57] – e não Tiy, a primeira esposa do faraó, que usou sua influência junto dele em favor da nova religião, que Akenaton, seu filho, adotaria no reinado subsequente. Por ter feito isso, os sacerdotes e Tiy, naturalmente, odiaram-na. Eventualmente, eles tramaram a morte dela. Houve um acidente de barco no rio Nilo, no qual Telika e Vola, sua dama de companhia, morreram afogadas. A coisa foi abafada e penso que o monarca enfermo nem ficou sabendo da guerra de bastidores.

– Após a morte dela – prossegue o dr. Wood – as influências reacionárias que tramaram isso, prestaram a Telika a cortesia de apagar seu nome de todos os registros – o que parece ter sido procedimento comum, naqueles tempos. Disso resultou que sua rival, Tiy, recebeu todo o crédito dos historiadores por uma influência exercida por Telika.

A ser isso verdadeiro, como parece, confirma-se a autenticidade do velho adágio, segundo o qual o petisco não é para quem o faz, mas para quem o come...

Em mais um de seus mergulhos na memória do passado distante, Rosemary informa ainda, no terceiro livro do dr. Wood,[58] o seguinte:

Telika era uma intelectual. Conduzia sua própria vida e raramente aparecia ao lado do faraó nas cerimônias da corte, junto da outra rainha, Tiy. Ele se sentia atraído por Telika, principalmente pela qualidade de sua mente, e, desse modo, aprendeu muito acerca da nova religião. Ela era um tanto alta, esguia, dotada de expressão austera. Seu olhar era agudo, alerta e perscrutador – os olhos de um pensador.

Recriado, pois, o cenário, tanto quanto possível, com os elementos e fragmentos que nos passaram os eruditos egiptólogos e mais o depoimento filtrado através da mediunidade, podemos, creio eu, inserir nele o 'milagre' maior, que o eminente prof. Francisco Waldomiro Lorenz chamou, adequadamente, de "a voz do Antigo Egito".

Este é o nosso interesse prioritário, a seguir. Antes disso, porém, é bom nos esclarecermos um pouco a respeito da língua egípcia.

8 Como se falava o egípcio?

Antes de especular sobre as origens da língua falada no Egito e de seu desenvolvimento posterior, Will Durant[59] exalta, com toda justiça, a relevante contribuição daquele país à civilização, com a criação do que hoje conhecemos como papel, "substância (e loucura) mesma da civilização", no dizer do eminente historiador. O processo de fabricação era simples: bastava cortar os talos do papiro, planta nativa, em tiras finas que, depois de postas lado a lado e cruzadas por outras tantas tiras, eram prensadas. Os mais caprichosos davam um polimento à superfície. E estava pronto o papel que, a não ser pelos azares do mau trato, preservou para nossa época documentos escritos há cinco mil anos.

Mas como era essa escrita e que língua era essa?

Durant informa que a língua procedia, provavelmente, da Ásia e mostra, em textos mais remotos, certas afinidades com dialetos semíticos. Os primeiros escritos parece terem sido, como em outros casos, pictográficos, ou seja, eram desenhos representativos dos objetos a que se referiam. A palavra 'casa', por exemplo, era representada pelo desenho de um pequeno retângulo aberto em um dos lados maiores. O método, porém, tinha limitações óbvias e praticamente intransponíveis sempre que se desejasse expressar algum conceito abstrato. O passo seguinte, portanto, foi converter a metodologia da escrita, de pictográfica em ideográfica, convencionando-se que alguns desenhos representariam não propriamente o objeto reproduzido, mas as ideias que ele sugerisse. A parte anterior de um leão, por exemplo, representava a supremacia; uma vespa, a realeza, e assim por diante. Mesmo assim, muitas eram as ideias para as quais o processo continuava inadequado e insuficiente. Ficou assentado, portanto, desenhar objetos cujos nomes, na palavra falada, eram parecidos com a ideia a ser representada graficamente. Por isso, o desenho de uma flauta significava, além do instrumento musical, a palavra 'bom', porque, na linguagem falada, 'flauta' (nefer) se parecia, com 'bom' (nofer).

O que acabou criando inúmeras dificuldades, por causa dos inevitáveis termos conhecidos, em todas as línguas, como homófonos, ou seja, com a mesma pronúncia, embora com sentidos diferentes. A essa altura, funcionou a criatividade de alguns escribas mais bem dotados. O equivalente ao nosso verbo 'ser', segundo explica Durant, era, na linguagem falada, 'kopiru'. Como desenhar isso? deve ter pensado o escriba. A solução foi a de decompor a palavra em suas três parcelas: 'ko-pi-ru' e, em seguida, partir para os desenhos representativos. A peneira, como 'kau', contribuiu para formação da primeira sílaba do verbo; um tapete ('pi') entrou com a segunda e uma boca ('ro') deu a terceira parte da palavra desejada. Estava criada, portanto, a maneira gráfica de representar o verbo 'ser', ou seja, 'kopiru'. Complicado? Não, depois que a gente aprende...

Aos poucos, como se vê, o egípcio escrito chegou ao conceito de sílaba, sempre pelo processo de desmontar, nos seus componentes estruturais, as palavras a serem representadas. Por estranho que pareça, faltava ainda inventar a letra. Foi o próximo estágio do processo. Da palavra 'casa', por exemplo ('per') destacou-se o som 'per'. Melhor ainda, com este som, no qual entravam um 'p' e um 'r' era possível representar outras ideias, colocando entre as duas letras, diferentes vogais. Ou, como se convencionou depois, usar cada letra isoladamente, seguida desta ou daquela vogal.

O mecanismo foi ampliado para abranger outros sons e imagens. Como o termo falado para 'mão' era 'dot', o símbolo podia representar do, da, di, etc. e, mais tarde, simplesmente a letra 'd'. A 'boca' ('ro' ou 'ru') passou a significar 'r'; a 'serpente' ('zt'), produziu o 'z', e assim por diante. Estava criado um alfabeto de vinte e quatro consoantes, com o qual a linguagem escrita se tornou suficientemente flexível para exprimir ideias, além de coisas concretas.

Por mais prática e inteligente que tenha sido a solução – e o foi, na verdade –, surgiu um problema dificílimo para os futuros egiptólogos interessados em decifrar a enigmática escrita egípcia. Como a linguagem escrita era apenas uma representação gráfica da conversação, parece que entenderam os teóricos da época não ser necessário explicitar as vogais, que não figuram nos textos.

Creio estar subentendido que, ao lê-los, todos saberiam colocar cada vogal no seu lugar certo, onde necessárias fossem. O problema é que ficava difícil decidir as ambiguidades de sentido ou de pronúncia. Mencionamos, de passagem, esse problema em outro ponto deste livro. Se a nossa língua adotasse o mesmo procedimento, escreveríamos apenas p' l 'd ', por exemplo, deixando ao leitor decidir, pelo sentido da frase ou por outro qualquer processo, se a intenção do autor fora escrever pelado, peludo, polido, pálido, pilado, pulado, apelado, ou apelido.

Sem dúvida alguma, o trabalho dos egiptólogos tem sido de qualidade e competência inexcedíveis na decifração dos textos que a pedra e o papiro guardaram para os milênios futuros. Champollion, por exemplo, resolveu o quebra-cabeças ao decifrar o texto da pedra Rosetta, comparando meticulosamente as três línguas nela documentadas. Mesmo assim, continuávamos a ignorar como é que os egípcios falavam as palavras que figuravam, nos textos, sem qualquer indicação das vogais. Foi esse o enigma que Lady Nona se propôs explodir com a ajuda de Rosemary e do dr. Wood, antigos companheiros seus de uma remota existência há cerca de trinta e três séculos. É que Telika (Nona), Vola (Rosemary) e Rama (o dr. Wood) conversavam naquela esquecida língua, da qual apenas os símbolos gráficos ficaram preservados.

Daí o justo entusiasmo do erudito musicólogo pelo trabalho realizado. Sem falsa modéstia ou economia de adjetivos, ele o considera, com toda razão, a coisa mais próxima de um milagre que ele tenha conhecido. Se não fosse por esse feliz conjunto de circunstâncias, não criadas aleatoriamente pelo acaso, mas que denota evidente planejamento prévio, se não fosse, em outras palavras, por Lady Nona, Frederic Wood e Ivy Beaumont (Rosemary-Vola), como iríamos saber de que maneira ler os famosos hieróglifos?

Para concluir, ainda com apoio em Will Durant, temos a acrescentar que o alfabeto (assim rebatizado pelos gregos) criado pelos diligentes escribas egípcios foi difundido pelas atividades comerciais de egípcios e fenícios por toda a orla do Mediterrâneo e, no dizer de Durant,[60] "chegou até nós, através da Grécia e de Roma, como uma das partes mais apreciadas de nossa herança oriental".

Fascinam-me os antigos escribas, a mim, que me ponho como escriba contemporâneo. Não fosse aqui abusar do tempo do leitor e da dimensão aceitável em que se deve conter o livro, e eu mergulharia mais fundo no assunto para escrever um módulo a mais sobre esses diligentes trabalhadores intelectuais que desbravaram para nós caminhos que hoje percorremos de modo jamais sonhado por eles, acompanhando na telinha do computador a magia moderna da escrita eletrônica. Ainda mais que, naqueles tempos remotos, eram eles, mistura de escribas e contadores – tal como eu, hoje – a memória da poderosa nação, documentando tudo o que, digno de registro, se passava no dia-a-dia, ao tempo dos faraós. Um deles, pelo menos, está imortalizado na conhecida estátua, hoje no Louvre, no pleno exercício de sua nobre profissão. Nas perambulações pelo Egito, em 1977, ficava eu como que hipnotizado perante os textos gravados na pedra ou desenhados nos papiros, naquele traço fino, elegante, inimitável, a falar sem voz de uma era que se apagou no tempo, mas ficou nos textos. Sem os escribas, o que saberíamos hoje do lendário país de Kem? Sem eles, talvez não tivesse Akenaton como escrever seu imortal Hino ao Sol e a poesia universal estaria bem mais pobre.

Seja como for, Durant nos adverte, os egípcios nunca adotaram integralmente a escrita alfabética tão penosamente criada.

– Como os taquígrafos modernos – escreve ele[61] – misturaram pictogramas, ideogramas e signos silábicos com as letras, até o fim de sua civilização.

Daí a dificuldade quase intransponível enfrentada pelos egiptólogos na decifração da enigmática escrita. Veremos alhures, neste livro, alguns aspectos desse problema, quando o especialista dr. A.J. Howard Hulme, coautor do livro *Ancient Egypt speaks*, decidiu colaborar com o dr. Wood, trabalhando na tradução das falas de Lady Nona através de Rosemary.

A língua egípcia, contudo, teve ainda um desdobramento, sobre o qual recorremos, ainda e sempre, ao historiador Will Durant, em seu volume Nuestra herencia oriental, tradução para o espanhol de Our oriental heritage. Lê-se, nessa obra,[62] que a escrita egípcia evoluiu para uma forma algo mais rápida e esquemática, destinada a elaborar documentos menos comprometidos com as "inscrições sagradas" que se preservaram nos monumentos. Como a nova forma de escrever foi criada pelos sacerdotes, tornou-se conhecida como hierática, ou seja, sagrada, entre os gregos, os primeiros estudiosos da civilização egípcia. Logo essa nova maneira de escrever começou a ser utilizada em documentos públicos e comerciais ou particulares, ainda mais simplificada e abreviada, e, pelo uso popular mais amplo, passou a chamar-se demótica. Isto acabaria por ajudar Champollion a decifrar a escrita egípcia, de vez que a pedra encontrada em Rosetta pelos pesquisadores que Napoleão levou ao Egito continha uma gravação do mesmo texto em três línguas distintas: em hieróglifos, em demótico e em grego.

– Contudo – escreve Durant, para encerrar seu módulo[63] –, o egípcio insistiu em fazer figurar nos seus monumentos os senhoriais e formosos hieróglifos, talvez a maneira mais pitoresca de escrever que jamais tenha existido.

De minha parte, eu tiraria o "talvez". Os hieróglifos me encantam...

Compreensivelmente empolgado com o trabalho realizado no seu pequenino grupo mediúnico, o dr. Wood observa, no capítulo IV – "The language-tests of Nona" ("Os testes linguísticos de Nona"),[64] que um dos testes mais convincentes de identidade ocorre "quando um suposto ou soi-disant espírito" comunica ou transmite algum fato ou informação ignorada do médium e dos demais presentes e que possa ser posteriormente confirmada de maneira independente.

Eu não diria que isso comprove ou confirme a identidade do espírito manifestante de maneira tão ampla como sugere o dr. Wood, dado que a entidade manifestante pode apresentar tais evidências sem comprovar necessariamente a sua identidade; pode ser que ela apenas tenha conhecimento do fato e o utilize para se fazer passar por outro espírito. É certo, contudo, que nos casos em que o trabalho mediúnico é de boa qualidade e os cuidados necessários foram tomados, a confirmação posterior daquilo que o manifestante declarou através do médium pode constituir demonstração convincente da sobrevivência do espírito, bem como de sua identidade. A literatura especializada é riquíssima em exemplos dessa natureza. Não é por falta de documentação hábil que os céticos empedernidos continuam entrincheirados na obstinada negação da realidade espiritual.

No caso Nona, o espírito manifestante demonstra não apenas conhecimento de uma língua considerada 'morta', mas produz evidência satisfatória de ter vivido na remota era dos faraós, há mais de 33 séculos. Vale ainda acrescentar que o conhecimento linguístico não se apoia apenas no emprego isolado e circunstancial de algumas palavras ou expressões, mas na familiaridade com a sintaxe da língua, suas minúcias, peculiaridades e enigmas, conhecidos ou não de egiptólogos e especialistas contemporâneos, mas também, de como eram pronunciadas as palavras, o que era escassamente conhecido ou totalmente ignorado em inúmeros exemplos.

A propósito disto, lembra ele o estudo que o respeitável pesquisador italiano Ernesto Bozzano escreveu sobre o tema, e que foi editado no Brasil, pela Federação Espírita Brasileira com o título Xenoglossia, e na Inglaterra, pela Rider & Co., como Polyglot mediumship (Mediunidade poliglota).

– Isto – escreve Wood[65] – constitui fato cultural novo e produzirá amplas consequências no pensamento moderno, quando sua total significação for geralmente considerada.

O autor está certo na avaliação da importância do trabalho do qual participou, mas é igualmente certo que superestimou o impacto que as revelações de Lady Nona teria nas estruturas do pensamento contemporâneo. Não, obviamente, pela fragilidade de sua contribuição – ela é válida e de inestimável relevância –, mas pela dramática resistência por parte do contexto científico dominante, que desconfia liminarmente e rejeita sem apelo, qualquer informação ou ensinamento que implique aceitação da realidade espiritual. Isso não reduz a importância do trabalho realizado no grupo mediúnico do dr. Wood, mas adia para tempo ainda incerto o acolhimento de sua valiosa contribuição histórica e linguística.

Feitas essas observações preliminares, o dr. Wood conta como a coisa começou e, segundo ele, de maneira inesperada. Ele escrevera alguns artigos sobre o trabalho com Rosemary para a revista Two Worlds, veterana publicação espiritualista inglesa, na qual eu próprio colaborei algumas vezes, ao tempo de Maurice Barbanell, e sobre a qual escrevi durante alguns anos, em Reformador, uma coluna sob o título "Lendo e Comentando".

Os artigos do dr. Wood chamaram a atenção de um leitor que se identificou como Howard Hulme, residente em Brighton, ao sul de Londres. Não era um simples leitor esse mr. Hulme, mas um competente linguista da Universidade de Oxford, autor de um dicionário destinado aos estudiosos do egípcio antigo. Sua proposta era, ao mesmo tempo, aberta e sem preconceitos, tanto quanto um desafio: será que a entidade que se apresentava como Lady Nona poderia ajudá-lo a resolver algumas dificuldades em seus próprios estudos?

Em resposta à sua consulta, o dr. Wood escreveu-lhe dizendo que, até aquele momento, Lady Nona somente se manifestara através de Rosemary, em inglês, por escrito ou oralmente, mas não se utilizara do egípcio.

A questão ficou nesse pé e o dr. Wood declara no livro que o assunto ficou praticamente esquecido, quando, cerca de três meses mais tarde, Rosemary pronunciou o primeiro dos inúmeros language-tests, como os chamaria o dr. Wood. A reunião chegava ao fim, quando a médium declarou que "ouvira alguém dizer", e repetiu para o doutor as seguintes palavras, que ele anotou foneticamente, pois não havia gravadores àquela época: "Ai-it-a-jula". Explicou ainda Rosemary que a frase parecia ser uma despedida, ao final da sessão mediúnica.

Sem muita esperança – em verdade, ele fala em "confiança" –, o dr. Wood escreveu a mr. Hulme, transmitindo-lhe a expressão ouvida por Rosemary. Para satisfação de ambos, a frase era mesmo em antigo egípcio e fazia sentido. Queria dizer "Saudado seja você, no fim!", ou seja, era uma saudação ao encerrar-se o trabalho do dia, tal como imaginara Rosemary, que, convém insistir, nada sabia de egípcio.

Foi assim que começou a proveitosa e surpreendente colaboração entre Lady Nona, teoricamente 'morta' há mais de três milênios, e o erudito prof. Howard Hulme, na Inglaterra moderna.

Estabeleceu-se certa rotina de procedimento a partir desse auspicioso início. Sem nenhum preparo prévio, Lady Nona pronunciava algumas palavras, que Rosemary captava, por clariaudiência, e repetia para o dr. Wood, que anotava tudo meticulosamente, em sons correspondentes na língua inglesa. O procedimento era reconhecidamente precário, ainda mais que era frequente a ocorrência de sons estranhos ao falar inglês, que Wood tinha de reproduzir de maneira imperfeita, e mais próxima possível do som original. Feito isto, o texto era remetido a Hulme para eventual tradução. Anos depois, em 1935, no primeiro livro sobre o caso, ou seja, *After thirty centuries*, Wood informa que Hulme já havia traduzido 388 expressões. Era longo o circuito. As falas eram passadas por Lady Nona a Rosemary e desta ao dr. Wood, e, finalmente, de Wood para Hulme, que não apenas repunha as representações fonéticas em hieróglifos, mas as traduzia em inglês e as devolvia ao musicólogo.

Raramente a primeira tradução (literal), saía em bom inglês, mas o sentido sempre estaria ali, ainda que expresso de maneira diferente da usual. Em uma das sessões, por exemplo, a manifestação mediúnica foi interrompida por um ruído perturbador, vindo da rua. Rosemary despertou prontamente do transe, não antes, porém, que Lady Nona deixasse com ela uma observação nos seguintes termos: U-it-á-men, segundo anotação de Wood. Mr. Hulme reescreveu o texto com outra disposição: "Iw-y-ítam-en" que, ao pé da letra, significava "Eu venho. Negativados (acabados) estamos nós". Ou seja, ela estava manifestada mediunicamente, quando o insólito ruído interrompeu a conexão e pôs fim à comunicação.

De outra vez, mr. Hulme preparou cuidadosamente uma frase que o dr. Wood deveria dizer à entidade, sem saber, aliás, o que significava. No momento oportuno, o Wood dirigiu-se a Lady Nona, nos seguintes termos: "Inúz hirá, Sat-ni-su, Nona!" Prontamente o espírito respondeu: "A-nich-u-en. Pá-a-si-man".

Mr. Hulme repôs os termos nos seus devidos lugares na seguinte expressão: "Aníshu-en. Pa'a'símam" que significa: "Protegidos estamos nós. Isto, de fato, está decidido".

Esse minidiálogo deu margem a algum aprendizado adicional por parte dos encarnados. É que a frase dita ao espírito fora preparada por Hulme com a intenção de saudar a entidade, algo assim como "Saúdo-te, princesa Nona!" Acontece, contudo, que a palavra inicial 'nuz' também significa, segundo Hulme explicou ao dr. Wood, 'proteger'. Lady Nona respondeu, portanto, tomando a frase pelo seu segundo sentido, ao assegurar ao dr. Wood que o grupo estava sob proteção de entidades superiores. Como a intenção de Hulme fora apenas a de elaborar uma saudação, não se poderia alegar que Rosemary é que produzira a resposta, por telepatia com Hulme, a cerca de trezentos quilômetros de distância, em Brighton. Havia ainda uma ligeira variação de pronúncia, segundo explicou o competente mr. Hulme. No Baixo Egito a palavra era pronunciada 'aníshu-en', ao passo que, no Alto Egito, era 'anik-u--en'. Isto significava, portanto, que a pronúncia adotada por Nona localizava-a na época do Médio Império, ou seja, entre 1400 e 1356 antes de Cristo. Seu marido, o faraó Amenófis III, governou de 1405 a 1367, como vimos, dentro do período identificado por Hulme, portanto.

Pode-se perceber, à vista destas observações, que o som da língua egípcia não era totalmente desconhecido dos eruditos especialistas contemporâneos, como o prof. Hulme; observaremos, contudo, mais adiante, que, em inúmeras oportunidades, Lady Nona decidiu dúvidas e preencheu lacunas no conhecimento da língua que ela falou no Egito antigo, especialmente na maneira correta de pronunciar certas expressões ou identificar o sentido de palavras que poderiam ter significados diferentes, como 'nuz', que tanto podia ser empregada para 'saudar' alguém, como no sentido de 'proteger'.

Numa série de seis dos testes a que se refere o dr. Wood, Nona manifestou-se, em egípcio, disposta a colaborar com o prof. Hulme – a quem ela avalia como "um homem de estabilidade", ou seja, equilibrado e confiável –, até que ele se considere satisfeito ante a evidência histórico-linguística produzida mediunicamente pelo trio Nona/Rosemary/Wood.

O dr. Wood pensava, a essa altura, num contacto mais direto de Lady Nona com o prof. Hulme, o que, certamente, resultaria em mais evidência cientificamente aceitável. Havia, porém, um duplo propósito no trabalho: primeiro, demonstrar a sobrevivência do ser ou, no dizer do dr. Wood, da "persistência da personalidade" e, segundo, proceder a uma completa revisão na maneira de pronunciar o antigo egípcio.

Era evidente que a personalidade que fornecia as informações sobre a língua morta era diferente de qualquer outra personalidade 'viva' envolvida no projeto. Em outras palavras, Lady Nona marcava sua presença e autonomia no contexto em que operavam três pessoas encarnadas: Rosemary, Wood e Hulme. A telepatia, claramente, não se aplicava ao caso e a entidade espiritual demonstrava indiscutível conhecimento da sintaxe, do sentido e da pronúncia da língua falada durante a 18ª dinastia, período em que ela própria afirmava ter vivido como uma das esposas do faraó Amenófis III.

9 A MEDIUNIDADE COMO INSTRUMENTO DE PESQUISA HISTÓRICA

Como temos tido oportunidade de observar, não é nada fácil, há mais de três mil anos de distância, decidir pela melhor versão, já não digo a verdadeira, de qualquer evento na história do Egito, ou traçar um perfil confiável de alguém, ainda que seja um vulto importante na época, ou por isso mesmo. Cyril Aldred, como também pudemos ver, alerta o leitor para as dificuldades que o historiador tem a enfrentar no levantamento de um quadro mais ou menos provável do que se passou na era dos faraós, especialmente a de Akenaton. Alguns aspectos mais genéricos podem ser identificados, e até um ou outro detalhe mais esclarecedor, mas, no seu dizer,[66] "o caráter, a cor e a aparência da paisagem total dificilmente poderiam tornar-se conhecidos. Faltam-nos inúmeras peças de crítica importância, e tudo indica que continuarão desaparecidas".

O máximo que o historiador pode fazer para contornar tais bloqueios e escrever sobre o contexto sob exame é montar suas hipóteses com base em informações fragmentárias e ajudado pela intuição. O resultado, porém, continua insatisfatório, tanto para ele, quanto para a comunidade científica internacional e, por consequência, também para o leitor. O livro do dr. Wood contém uma proposta inovadora, ainda que não propriamente uma novidade absoluta, ou seja, a possibilidade de explorar o passado com os recursos da mediunidade. O leitor terá todo o meu respeito se, porventura, o termo suscitar nele alguma reação de rejeição. Mude a palavra para percepção extrassensorial, desça ao conceito específico da retrocognição, se assim o desejar, mas aceite também o conselho de, pelo menos, considerar a hipótese.

Alguns pesquisadores sérios e responsáveis já o fizeram, como o dr. Frederic Wood, mas não apenas ele. Entre 1907 e 1911, outro Frederick (com "k"), também inglês, Frederick Bligh Bond, competente arqueólogo, suscitou algo parecido com uma comoção nas rodas eruditas internacionais, quando se descobriu que a sua estupenda pesquisa na abadia de Glastonbury fora orientada pelos espíritos dos monges que, em diferentes épocas, tinham vivido ali. Serviu de intermediário entre 'vivos' e 'mortos' um amigo de Bond por nome John Alleyne. A instituição religiosa que patrocinava o trabalho não apenas dispensou sumariamente seus serviços, como mandou recobrir tudo com terra e detritos. A fascinante aventura de Bligh Bond pode ser lida no livro *The gate of remembrance*, escrito pelo próprio arqueólogo.[67]

Mais recentemente, outro arqueólogo profissional, o dr. Jeffrey Goodman, sacudiu também o sensível circuito acadêmico com pesquisas cientificamente revolucionárias, do que dá conta em seu livro *Psychic archaelogy* – time machine to the past, de 1977. Goodman recorda luta semelhante à sua, na qual se empenhou seu colega inglês Bligh Bond, anos antes e revela que os estudos por ele realizados em Flagstaff, nos Estados Unidos, chegam à espantosa evidência de uma civilização perdida há mais de cem mil anos, da qual a região pesquisada seria um desconhecido posto avançado. A certo ponto da pesquisa, como se lê na introdução do livro, Goodman escreve o seguinte:

– Se as previsões continuarem com essa precisão, não apenas nossos conceitos sobre os primeiros homens nas Américas, mas todos os nossos conceitos sobre a evolução cultural e biológica do ser humano terão de ser drasticamente reformulados.

É preciso informar ao leitor que as previsões continuaram a funcionar com meticulosa exatidão e que a pesquisa explode mesmo hipóteses anteriores sobre a civilização nas Américas, tanto quanto exige toda uma dramática revisão nos conceitos evolutivos, como percebe o dr. Goodman. Este, porém, é o problema nuclear que tanto assusta a comunidade científica internacional, ou seja, descobrir, de repente, que será preciso como que começar tudo de novo a partir da incômoda admissão da realidade espiritual.

Foi grande a relutância, ou melhor, a resistência do meio acadêmico em conceder-lhe o mestrado pleiteado com o estudo por ele elaborado. Era audácia demais da parte do autor trabalhar com a escancarada ajuda dos 'mortos' e, ainda por cima, submeter seu papel à apreciação do establishment, em busca de um mestrado em arqueologia. Mas ele insistiu. Eis como ele narra o episódio:[68]

– Mesmo com todas essas dores de cabeça, ganhei meu mestrado e fui aceito no programa para PhD, a despeito de minhas idiossincrasias. A universidade ficara sem opções: eu havia conseguido A (nota máxima) em todos os cursos de arqueologia que fizera.

Funcionou como intermediário (caso o leitor queira evitar a palavra médium) um engenheiro aeronáutico de nome Aron Abrahamson, do Oregon, que gravava suas falas e as remetia em fita magnética para o jovem arqueólogo.

O livro de Goodman foi saudado entusiasticamente por alguns, mas, como sempre acontece, qualquer documento ou pronunciamento que recorra ou apenas mencione a temática espiritual é prontamente colocado sob suspeita, quando não sumariamente rejeitado e até ridicularizado. A edição que tenho em meu poder traz, na quarta capa, a opinião do dr. Joseph K. Long, da Universidade de New Hampshire, que considera a obra "um marco para a ciência". Encontramos, no mesmo local, a palavra do dr. R.L.Van de Castle, professor de psicologia clínica da Universidade de Virgínia, que avalia o livro de Goodman como "importante" e "desbravador". O prefácio é assinado pelo dr. Paul S. Martin, professor e cientista-chefe de um laboratório especializado, na Universidade do Arizona. Com todos esses apoios e mais o valor inquestionável do trabalho em si, contudo, podemos estar certos de que, por muito tempo ainda, a ciência oficial continuará na firme postura de rejeitar o envolvimento da pesquisa histórica, ou qualquer outra, com a realidade espiritual, deliberadamente confundida com o ocultismo e com crendices de todos os matizes.

O dr. Frederic Wood enfrentou problemas semelhantes com o seu trabalho, especialmente nos pontos delicados em que Lady Nona e demais 'mortos' com os quais se mantinha em contacto passavam-lhe informações que se chocavam com opiniões dos eruditos de plantão, que jamais recebem de boa cara qualquer informe que contrarie suas convicções, especialmente quando tais informações são produzidas por espíritos, através de médiuns, em sessões reservadas e envolvidas, como supõem, em misticismo. Um horror!

Poucos assuntos, não obstante, estariam tão necessitados de uma competente pesquisa dessa natureza, como a história do Egito, se atentarmos para a consensual opinião dos estudiosos de que falta aos registros – escassos e usualmente danificados ou fragmentários – a desejada confiabilidade. Estelas e papiros, templos e túmulos, monumentos e edificações em geral preservaram para a posteridade não a verdade pura dos fatos tal como ocorridos, mas a versão imposta pelos governantes ou a que lhes era proposta pelos escribas e arquitetos, interessados em bajular os poderosos do dia e, assim, garantir seus próprios nichos à sombra do poder. Não seria mesmo de esperar-se, por exemplo, que a pedra e o papiro guardassem testemunhos de maldades e arrogâncias, mesquinharias e prepotências da personagem divinizada que exerce o poder absoluto de vida ou morte sobre cada cidadão egípcio.

Além do mais, são inúmeros os exemplos de deliberada interferência mutiladora em relatos, com o objetivo de demolir reputações de antecessores ou, no mínimo, reduzir o brilho dos seus feitos tal como documentados nos monumentos e demais edificações ou guardados em arcas e vasos.

Por isso, a história do Egito continua sendo, nos livros contemporâneos, a resultante de opções e hipóteses pessoais de cada autor, selecionadas de um leque bastante amplo de possibilidades. Isto é válido para qualquer uma das grandes personalidades das diferentes épocas, não apenas os faraós, mas suas esposas mais importantes, seus filhos, ministros, generais, escribas, artistas e arquitetos, sacerdotes e adivinhos. Muitas dessas personalidades eram agraciadas com o direito de construir suas sepulturas a curta distância do túmulo real. Aldred menciona mesmo a manifesta intenção de Akenaton de ser sepultado em Aketaton, onde todo o pessoal importante da corte deveria também construir seus túmulos.

– Ele pretendia exercer sobre eles, na morte – escreve Aldred –,[69] o mesmo controle e a mesma interferência que exerce em vida.

Essa, aliás, até que não me parece uma ideia tão extravagante. Uma vez que as pessoas sobrevivem, como espíritos, à morte do corpo físico, por que razão não poderiam articular-se na dimensão póstuma? Se o faraó iria conseguir ou não reunir todo o seu pessoal no mundo dos espíritos e sobre eles continuar o exercício de seu poder, é discutível, mas que é, em princípio, possível, não há como duvidar. Seus assessores, segundo nos afirma o mesmo Aldred, também contavam com essa probabilidade e "oravam para que pudessem repousar eternamente junto dele (do faraó) a fim de contemplá-lo diariamente". É até possível que fosse esta a intenção dos auxiliares diretos do faraó, mas ainda uma vez devo colocar um reparo na maneira de dizer do prof. Aldred, reiterando meu respeito pelo seu indiscutível status. Os egípcios mais esclarecidos daqueles tempos não consideravam a morte "repouso eterno", mas uma dimensão, invisível aos olhos materiais, na qual os `mortos' continuavam tão vivos quanto os que ficavam na carne, ou até mais vivos do que estes. Essa história de repouso eterno ou o conceito de que quem morre `descansa' é invenção de teologias posteriores, supostamente mais eruditas e sofisticadas, quando, em realidade, são simplesmente mais ignorantes da realidade espiritual, especialmente a póstuma.

Lady Nona dá testemunho, ela mesma, dessa ignorada realidade, ao descobrir-se perfeitamente viva, pensante e frustrada após a morte, que, pensava ela, seria o fim de tudo, a despeito de todas as práticas religiosas dos tempos. Algum tempo depois, chegava também, de regresso ao mundo espiritual, o faraó, seu marido, igualmente decepcionado consigo mesmo e surpreendido pela realidade nova que o recebia não mais como um poderoso soberano divinizado, mas como simples espírito, que nem se saíra muito bem de seus compromissos na terra, como ficou claro. A despeito da sua condição 'divina', ele próprio se reconheceria necessitado de alguns ajustes mais sérios nas ideias e no comportamento dali para frente.

Retificações históricas da maior importância a fim de que possamos ter uma visão mais nítida e real do passado somente poderão ser conseguidas depois que não apenas for reconhecida a realidade espiritual, como colocados seus mecanismos a serviço da busca de conhecimento e do consequente aperfeiçoamento do ser humano. Enquanto isso não acontece em escala maior, e de maneira competente, estaremos sujeitos a elaborar hipóteses e formular especulações mais ou menos válidas, mas inseguras.

Uma breve incursão pela literatura mediúnica poderá ilustrar este aspecto. Recorreremos, para isso, ao livro *A caminho da luz*, ditado a Francisco Cândido Xavier pelo erudito espírito conhecido como Emmanuel, que se propõe nessa obra a produzir uma sumária "História da Civilização à Luz do Espiritismo", como se lê no subtítulo.

No capítulo V, dedicado às raças adâmicas, o autor espiritual dá notícia da decisão tomada nas "grandes comunidades espirituais, diretoras do Cosmos",[70] no sentido de trasladar para a terra "alguns milhões de espíritos rebeldes", habitantes de um planeta situado na constelação da Cabra (ou Capela). Há muito tempo vivia-se ali um período de transição, no qual se antecipava um salto qualitativo, "como ora acontece convosco" – adverte Emmanuel – "relativamente às transições esperadas no século XX, neste crepúsculo de civilização".

Mesmo entre os rebeldes, contudo, parece ter havido número apreciável de entidades menos comprometidas com as leis cósmicas e já inclinadas à prática do bem, em razão de conquistas pessoais específicas e que teriam sido encaminhadas para renascimento entre os egípcios. Foi-lhes concedida, assim, oportunidade de imprimirem a esse povo o impulso civilizador que, paradoxalmente, estiveram a obstruir no planeta de origem.

Por tudo isso, de mistura com a saudade, com a indefinível sensação de exílio e a vaga lembrança de um paraíso perdido, traziam essas entidades conhecimentos avançados para o estágio relativamente primitivo do nosso planeta naqueles recuados tempos.

Foi ampla a contribuição de tais exilados à civilização egípcia e, de maneira especial, às estruturas religiosas de pensamento, e a familiaridade com a realidade espiritual, bem como no desenvolvimento da arquitetura, da medicina, das artes, da escrita e da literatura.

O desejo predominante em toda essa pequena multidão de degredados era o de voltar tão logo quanto possível à distante região cósmica em que viviam antes e que não souberam valorizar como deviam.

Promovidos, no correr dos milênios, os ajustes necessários de comportamento, regressaram, muitos deles, ao planeta que se vira na contingência de expulsá-los a fim de que a comunidade pudesse dar prosseguimento à programada e desejada marcha evolutiva. Muitos, no entanto, resolveram permanecer no contexto espiritual da terra, a serviço dos ideais do Cristo, que os tem enviado, repetidamente, à reencarnação "para desempenho de generosas e abençoadas missões".

Ao aportarem à terra para o trabalho de reeducação a que foram destinados, esses exilados, segundo Emmanuel, traziam para aqui "uma ciência que a evolução da época não comportava". Daí porque a transmissão dos ensinamentos era feita no silêncio dos templos, apenas a alguns raros iniciados, rigorosamente selecionados entre o grupo maior de candidatos. A norma era o extremo zelo na guarda dos mistérios sagrados. "Os conhecimentos" – ensina Emmanuel[71] – "ficaram circunscritos ao círculo dos mais graduados sacerdotes da época, observando-se o máximo cuidado no problema da iniciação".

A fama e o prestígio desses conhecimentos difundiram-se pelo mundo então conhecido e muitos foram os que, enfrentando dificuldades consideráveis, viajaram para o Egito em busca de valiosas informações, especialmente os gregos, que para lá se dirigiram a fim de estudar a história, mas também, filosofia, religião e ciência. Vestígios dessas buscas ficaram nos escritos de Heródoto, Platão e outros. Foi através de autores gregos que a civilização egípcia começou a tornar-se conhecida no Ocidente. Nomes dos deuses, dos faraós, das cidades foram adaptados ao falar grego, o que prevalece até hoje. O faraó Kufu passou a ser conhecido como Quéops; Amenotep, como Amenófis; o deus Tehuti transformou-se em Toth, nos textos gregos, e assim por diante. As diversas comunidades que integravam o país tornaram-se conhecidas como 'nomos', termo grego para 'lei'.

Emmanuel atribui à pungente saudade que experimentavam as entidades reencarnadas no Egito, ao exílio e ao intenso desejo de retornarem ao planeta de origem o elaborado simbolismo e os cultos criados em torno da morte, sempre oficiada com longos e complexos rituais, como prescrevia O livro dos mortos, que continha minuciosos roteiros e instruções para que os desencarnados soubessem como proceder no mundo póstumo.

Conscientes de que seria desastroso divulgar os sofisticados conhecimentos de que dispunham, os iniciados mantinham severo controle sobre a divulgação de suas instruções, jamais confiando--as a documentos. Em paralelo, contudo, desenvolveu-se um culto exotérico, ou seja, externo, aberto, no qual as verdades profundas eram apresentadas de maneira simbólica e, portanto, ininteligível ao não-iniciado. Daí porque, a despeito da convicção monoteísta dos mais sábios e instruídos, inúmeras situações da realidade espiritual eram representadas no politeísmo dominante nas classes populares. Eram cultuados um deus da morte, outro do amor, um terceiro para as colheitas, um quarto para o rio Nilo, e objetivados com imagens de astros, animais e plantas. Os três deuses mais populares e venerados – Rá, Amon e Ptá – acabaram reunidos numa trindade, como aspectos de uma só divindade, ideia que acabaria, séculos mais tarde, adotada pelo teologia dita cristã. Will Durant[72] chama a atenção para o fato de que cristãos primitivos costumavam adorar estátuas de Ísis amamentando Hórus, o deus-menino. Segundo o eminente historiador, tratava-se de mais um simbolismo para figurar o "antigo e nobre mito segundo o qual a mulher (ou seja, o princípio feminino), que cria todas as coisas, converte--se, por fim, em Mãe de Deus". O culto de deuses materializados em estátuas acabou transmigrando para o cristianismo primitivo, que apenas substituiu os deuses pelos santos e também acabou atribuindo a cada um deles um aspecto da vida diária, como um santo para os olhos, outro para o casamento, um terceiro para a música e assim por diante. Por isso escreve Durant, em outro volume da sua excelente 'História', que, em vez de acabar com o paganismo, o cristianismo adotou-o.[73]

Fenômeno semelhante acontecera aos hebreus. Como se sabe, grande número deles vivia no Egito e, por mais cuidadosos que fossem os tradicionalistas, os judeus acabaram adotando procedimentos e rituais dos cultos egípcios. Ao retirá-los do Egito para reeducá-los nas práticas tradicionais, Moisés travou verdadeira batalha contra as infiltrações do paganismo egípcio que contaminara a religião dos hebreus. A Bíblia documenta a persistência de tais infiltrações, quando o culto do "bezerro de ouro" foi restabelecido entre os hebreus, assim que Moisés afastou-se por algum tempo para receber (mediunicamente, aliás) as tábuas da lei, ou seja, o decálogo. Nesse bezerro, vemos clara identificação com o boi Ápis dos egípcios. Ao que parece, a própria arca da aliança era uma espécie de mesa mediúnica, que operava por tiptologia, tanto quanto era instrumento de prática mediúnica o enigmático sistema urim/tumim, mencionado mais de uma vez, de modo obscuro, no Antigo Testamento. Para não ocupar, aqui, mais espaço do que seria desejável, tomo a liberdade de remeter o leitor porventura interessado neste aspecto particular do urim/tumin, ao meu livro *O que é fenômeno mediúnico*, especificamente o módulo "O enigma do urim",[74] no qual parece ter ficado evidente que esse petrecho era, em verdade, um instrumento para exercício de faculdades mediúnicas.

Seja como for, transparecia em toda essa simbologia para consumo popular, o reconhecimento das "forças invisíveis que controlam os fenômenos naturais, classificando-as para o espírito das massas na categoria dos deuses". É o que ensina Emmanuel.[75]

Reiterando, aliás, informação passada por Lady Nona, Emmanuel assegura que as ciências psíquicas "eram familiares aos magnos sacerdotes dos templos", habituados a realidades como sobrevivência, comunicabilidade entre vivos e mortos, reencarnação, bem como existência do perispírito e do corpo mental, magnetismo, hipnose, passe, desdobramento e tantos outros.

Refere-se, ainda, esse autor espiritual, às "saturações magnéticas" que até hoje prevalecem nas pirâmides e túmulos. Disso nos fala também Paul Brunton, explorador inglês que conseguiu permissão do governo egípcio para passar uma noite (de terror) na pirâmide de Quéops, em Gizé. Sobre a proteção magnética e espiritual de que se acham imantados os túmulos, encontramos fascinante relato em Philipp Vanderberg, em seu livro *The curse of the pharaoh*, no qual são relatadas as desventuras da equipe de lord Carnavon, que, em 1923, descobriu a tumba de Tutankamon. A ciência moderna pretende ter decifrado o enigma com uma teoria a respeito de fungos malignos que teriam infectado aquela gente. O certo é que praticamente toda a equipe inicial de lord Carnavon, composta de mais de vinte pessoas, exceto Howard Carter, teve morte inexplicável em seguida ao que os guardiães invisíveis do túmulo consideraram certamente uma violação dessacralizante. Emmanuel caracteriza o episódio como "tragédia amarga".

Nesse mesmo passo, o autor espiritual lembra[76] a importância científica e histórica das pirâmides, especialmente a de Quéops, a grande, verdadeiro documento matemático, astronômico, arquitetônico e até profético. O tema tem sido desenvolvido por numerosos escritores e pesquisadores, como o abade Moreaux e, mais recentemente, Leonard Cottrell.

Como podemos observar, portanto, informações históricas, tanto quanto as de origem mediúnica, complementam-se ou se explicam mutuamente, num sistema de fertilização cruzada que estaria iluminando numerosos episódios históricos obscuros se os pesquisadores em geral se decidissem a descer de seus pedestais a fim de aceitar convites gentis, como o de Lady Nona aos egiptólogos para que examinassem o aspecto histórico-linguístico que ela lhes estava colocando à disposição, mas também, a realidade espiritual em si, que viabiliza tais revelações e outras ainda mais dramáticas.

Lamentavelmente, esses mecanismos de estudo e pesquisa ainda não estão sendo considerados a sério e, por conseguinte, explorados em todo o seu potencial, porque a ciência mantém-se rigidamente contrária a qualquer metodologia que implique envolvimento com o que se costuma chamar impropriamente de ocultismo.

Afinal de contas, a história é o que dela fazem ou tentam fazer os seres humanos. E os seres que fizeram história no passado não se desintegraram em poeira; apenas seus corpos físicos foram devolvidos à mãe-terra, de onde fora retirado o material necessário a revestir suas almas imortais. Essas entidades, provavelmente até mesmo aquelas que regressaram, saudosas, à antiga pátria cósmica no sistema de Capela, estão por aí mesmo, ao alcance dos inexplorados recursos da mediunidade bem treinada, entendida e trabalhada com respeito.

10 A RAINHA 'MORTA' E OS EGIPTÓLOGOS VIVOS

Ainda que empolgado pela proeza de haver restaurado, em seu pequeno grupo mediúnico, a antiga língua egípcia ao seu esplendor primitivo, o dr. Wood revela-se consciente de que esse milagre – a palavra é dele e me parece apropriada ao contexto – não teria sido a motivação principal da tarefa, e sim recurso utilizado para alcançar objetivo mais importante, ou seja, o de "combater as teorias materialistas propostas durante os últimos cem anos, pelos cientistas", para os quais a morte é o fim de tudo.[77]

Também penso dessa maneira. A recuperação de uma língua morta com apoio na escrita oferece consideráveis dificuldades à argúcia e ao devotamento de pesquisadores competentes, meticulosos e pacientes que possam dispor do tempo que a tarefa certamente vai exigir. Os antigos textos preservados acabam se rendendo ao esforço e à inteligência dos sábios, pondo à mostra não apenas o sentido e a estrutura das palavras e arquitetura das frases, como as principais regras de gramática das esquecidas e 'falecidas' línguas. Em verdade, nem as línguas morrem, e até se 'reencarnam' em outras... Já o som, de que os grafismos são mera imagem simbólica, perde-se no grande silêncio cósmico, tragado pelo tempo.

Para adequada avaliação do trabalho do dr. Wood e de sua pequena equipe, precisamos examinar mais detidamente alguns aspectos específicos. É o que tentaremos fazer a seguir. Recorreremos, para isso, aos capítulos finais do terceiro livro da série, apropriadamente intitulado Este milagre egípcio. Ao escrevê-lo, o autor vinha trabalhando há mais de dez anos no problema e já experimentara, no decorrer desse tempo, as asperezas da crítica, raramente serena, nem sempre competente, e quase sempre mal-humorada, quando não arrogante e posta em pedestal de olímpica superioridade.

É que os conhecimentos linguísticos demonstrados por Lady Nona não se limitavam a preencher importantes lacunas no que então se sabia da língua dos faraós, como contestava teorias e hipóteses consagradas e aparentemente irremovíveis nos círculos acadêmicos. Mais grave, ainda, a 'atrevida' contestação não provinha de algum egiptólogo renovador, mas, pelo menos, integrante dos altos escalões da erudição internacional, e sim de uma jovem desconhecida e sem credenciais específicas para a tarefa linguística, e através da qual, a admitir-se o que se alegava, falava um espírito, ou seja, um 'morto'! E morto há mais de três mil anos! E que se dizia ter sido esposa de um faraó... Era demais!

Os céticos de plantão sempre se posicionaram contra a realidade espiritual, mas, pelo menos, não fazem muito alarido quando as manifestações mediúnicas não lhes invade a área profissional. Em alguns casos, os relatos e informações de origem mediúnica foram tratados com o devido respeito por pessoas responsáveis e até com interesse, ainda que meio desconfiado. O dr. Wood lembra, por exemplo, o fenômeno Patience Worth, que deixou legitimamente intrigadas personalidades do nível e do status cultural do dr. Walter Prince e do prof. William James, chegando mesmo a produzir certa comoção nos meios literários americanos e ingleses. A entidade que se identificava com aquele nome dizia-se uma jovem inglesa de Dorsetshire, que emigrara para os Estados Unidos, no século XVII, e por lá morrera mais tarde. Trezentos anos depois, como espírito, insinuou-se junto da sra. Curran, uma dona de casa americana, e deu início à obra literária que alcançaria tanta repercussão. Num teste linguístico em um dos seus livros, o dr. Prince concluiu que, de cem palavras tomadas aleatoriamente, noventa e cinco eram do puro anglo-saxão, três denunciavam origens francesas e duas, possivelmente celtas. Em todo o livro examinado, não mais que cinquenta palavras exibiam radicais latinos ou gregos e, "provavelmente, com uma única exceção, nem uma palavra que tivesse sido introduzida na língua inglesa depois do ano 1600".

Devo ao leitor mais uma confidência pessoal. O caso Patience Worth acabou sendo um dos meus projetos impossíveis, ou, pelo menos irrealizável a curto prazo, e como poderia dispor de prazo longo se escrevo estas linhas já ultrapassada a marca dos setenta e dois anos de idade? Eis aí outro 'arquivo', tão fascinante quanto o de Rosemary, este, porém, em Boston, Estados Unidos, em vez de em Londres. Lá está, à disposição de estudiosos e pesquisadores, o rico acervo literário criado pela entidade, através da mediunidade da sra. Curran. Há poemas, dissertações, meditações, apólogos e extensas narrativas romanceadas, uma das quais, pelo menos, eu gostaria de traduzir: a elogiada The sorry story, na qual a autora espiritual conta uma "história triste", como diz o título, passada no tempo do Cristo.

Mas, lembrando Camões, que fazer de tão grandiosos projetos em tão curta vida? Para estudar os arquivos de Patience Worth seriam necessários alguns meses, no mínimo, em Boston e um máximo pacote de dólares. Não disponho de um nem de outro.

Em recente (e curta) permanência nos Estados Unidos, em 1988, descobri um livro, no qual o autor recupera para nós um pouco da notável história de Patience. Lendo-o, ficamos a pensar na injustiça do esquecimento que desceu como pesada cortina opaca sobre o gênio literário da entidade que produziu aqueles incríveis textos, em caprichado inglês do século XVI, tão diferente do que hoje se fala e escreve, que até parece língua morta. Patience também demonstrou, como Lady Nona, a grande 'novidade' mais velha do mundo, ou seja, a de que o ser humano sobrevive à morte corporal e guarda, intacta e recuperável, memória de antigas existências vividas por aí, nesse vasto e não menos antigo mundo de Deus.

Com Lady Nona, a tarefa teria sido mais complexa, dado que lhe incumbia 'sonorizar' os trimilenares hieróglifos, tão elegantes quanto enigmáticos em sutilezas até então não reveladas.

Com toda razão escreve, pois, o dr. Wood[78] que, admitindo-se por um momento que fosse a validade do trabalho por eles realizado, a situação poderia ser descrita em poucas palavras: "Os especialistas têm os sinais gráficos e estão à procura dos sons. Nós temos os sons e apenas precisamos da corroboração dos sinais gráficos." (O destaque está no original inglês).

Ao escrever esse livro, o terceiro e último da série, como sabemos, o autor já vinha experimentando, há algum tempo, as impertinências da crítica mal-humorada. No capítulo seguinte,[79] ele deixa claro que sua paciência andava curta com os círculos da erudição e, por isso, lembra que os especialistas não precisavam continuar ignorantes da pronúncia egípcia, "mas que a iniciativa para uma cooperação conosco deverá partir deles. Ela não partirá de nós", desabafa ele, sensivelmente irritado e com justificadas razões, acho eu. Razões, aliás, que, pelo menos algumas, ele explicita. Por exemplo: os especialistas reconheciam diferenças entre as vogais de línguas europeias e as egípcias, mas era lamentável afirmarem, como o prof. Budge, que as vogais egípcias "nunca eram escritas". Queixa-se, também, da dra. Margaret Murray, ainda mais enfática, ao escrever: "Não há vogais em egípcio".

Outro egiptólogo eminente, que o dr. Wood prefere não identificar neste ponto, escreveu, apoiado no peso de sua autoridade, que certos hieróglifos, que especifica, "não são vogais de características consonantais, como os antigos egiptólogos supunham".

A questão é que, à vista das observações de Lady Nona, estão mais perto da verdade os antigos egiptólogos, ora contestados, do que aqueles que pretendem corrigi-los.

Recorrendo a exemplos ilustrativos de algumas equivocadas posturas dos entendidos, o dr. Wood ensina, com base no depoimento de Lady Nona, que o signo egípcio do junco florido, que representa o verbo ser, tem a pronúncia proposta pelos eruditos como 'yu' ou 'yew', sendo a segunda assemelhada à palavra inglesa 'new' (novo, nova). Já a pronúncia de Lady Nona é um claro e bem marcado 'u', sem nenhum 'i' ou 'y' para atrapalhar. O som que se produz, em inglês, com o 'w' somente ocorre, em Nona, quando a palavra seguinte começa com vogal.

Não temos como explicitar a disputa entre alguns eruditos egiptólogos da época e a invisível Lady Nona, por quem respondia o dr. Wood, já que a entidade pouco ou nada se preocupava com a celeuma que suas falas e sua sintaxe egípcia iam despertando.

Um dos contestadores, que o dr. Wood identifica como "nosso crítico em Oxford",[80] escreveu, sobre o livro anterior *Ancient Egypt speaks*, um artigo em publicação especializada – que, pelas iniciais mencionadas, creio tratar-se do *Journal of Egyptian Antiquities*, junho/1937 –, ridicularizando a expressão "e vêsti vóng-tu", empregada por Nona, numa das sessões. "Para a maioria dos eruditos" – resmunga o crítico – "isso não faz sentido".

– A maioria dos eruditos – rebate Wood – ainda não sabe que o pequeno signal hieroglífico quadrado, que até agora eles imaginam ter sido um 'p', não tinha usualmente esse som. Era um 'v' e, às vezes, um 'f'.

São numerosos esses pequenos problemas e outros de maior vulto postos em evidência pela entidade espiritual, não apenas em questões relacionadas com a pronúncia, a existência e o uso das vogais, como também aspectos gramaticais de relevo. Na verdade, com um pouco mais de humildade e um tanto menos de arrogância, os egiptólogos teriam reconhecido diante deles uma preciosa oportunidade de esclarecer inúmeras dúvidas, preencher lacunas, decidir ambiguidades e, principalmente, restaurar a linguagem escrita ao seu formato original, com a valiosa contribuição do egípcio falado por Lady Nona, a antiga Telika.

Como temos tido oportunidade de observar, neste livro, o egípcio, como usualmente as línguas semíticas (hebraico e árabe) não costumam colocar as vogais nas palavras escritas, limitando-se a transcrever as consoantes, como se fosse uma espécie de taquigrafia. No interessantíssimo texto que escreveu especialmente para Ancient Egypt speaks, capítulo V – "The linguistic evidence",[81] o prof. A. J. Howard Hulme ensina:

– Nos escritos originais, somente as consoantes figuram. Uma vez que os autores ignoravam o que podemos identificar estritamente como vogais (pois há umas poucas quase-vogais), o método moderno aceito consiste em transcrever somente as consoantes, do que resulta serem tais transliterações, como em verdade observa o dr. Gardiner, "esqueletos dissecados de palavras, muito mais do que sons da fala real, viva e vibrante". [Esta citação, à página 61 de Ancient Egypt speaks, faz remissão ao livro *Egyptian grammar*, p. 422, parágrafo 1, do prof. Gardiner].

Para ilustrar sua observação, o prof. Hulme toma uma frase de Lady Nona e a transcreve tal como os egiptólogos fariam, do que resultariam as seguintes letras, todas elas consoantes, naturalmente: "Dzir gnn hr rn, di ms ty Fntyw".

A rigor, portanto, uma vez que as vogais não são indicadas, este seria o método 'científico' de transcrever a fala de Lady Nona, caso fosse o texto encontrado em alguma remota inscrição na pedra ou no papiro:

– O método 'popular' – leciona Hulme – consiste em colocar um e onde quer que se sinta a necessidade de uma vogal, de modo a tornar pronunciável o texto, assim: "Daar genen her ren, dem-es ti Fentiu".

Ficamos, pois, com uma alternativa impronunciável, por causa da ausência das vogais, e outra que não podemos considerar correta porque as vogais foram colocadas arbitrariamente. Ora, essa frase foi pronunciada pela entidade espiritual da seguinte maneira: "Dê-ê(r) ganana hór ran. Di mi's ti'ya Ven'tiu!".

Lady Nona emprega, portanto, as vogais 'e', e 'i', pronunciadas, aliás, como em português, ao passo que, em inglês, Wood e Hulme têm de recorrer ao som que essa vogal tem no pronome pessoal 'they' e, para o 'i', ao duplo 'e', como na palavra inglesa 'meet' (encontrar); do contrário, a pronúncia do 'i' teria de ser 'ai'. Invoco esses detalhes para ilustrar as dificuldades quase insuperáveis que esse pequeno grupo enfrentou para recolher de um espírito desencarnado o som da remota língua egípcia, e, ainda mais, sem contar com nenhum sistema de gravação durante as sessões. Depois de toda essa trabalheira e do verdadeiro quebra-cabeça das traduções para fazer Lady Nona comunicar-se em inglês moderno, restava ainda a barragem implacável da crítica, com suas ironias e arrogâncias... Daí a justificada irritação do dr. Wood. Já o eruditíssimo prof. Hulme trata o assunto com a maior serenidade. Responde, ponto por ponto, às críticas injustas e, muitas vezes, decididamente ignorantes, com imperturbável tranquilidade. Seu papel é uma delícia de texto, a despeito de sua condição de documento técnico altamente especializado. Aproveito-o até para aprender com ele que a língua copta "é a verdadeira língua egípcia antiga, apesar de em estágio muito posterior ao da época de Nona". E mais, que a escrita copta é "felizmente, toda vocalizada", ou seja, contém as vogais certas nos lugares certos. Ainda segundo o erudito prof. Hulme,[82] o copta "é uma sobrevivência parcial da antiga língua egípcia (escrita em caracteres gregos) e uma sobrevivência do egípcio mais recente, no que diz respeito à vocalização".

Como eu, o leitor deverá estar curioso em saber o que significaria a frase de Lady Nona que o prof. Hulme usou como exemplo, em seu parecer técnico. A história é a seguinte. No início de suas manifestações xenoglóssicas, através de Rosemary, Nona introduziu na sua fala a palavra 'Ventiú', que, na transcrição do prof. Hulme, vista há pouco, figura como 'Fentiu'. O competente egiptólogo batalhou longo tempo, no esforço de traduzir essa palavra desconhecida e que não figurava em sua experiência de dicionarista e filólogo. Até que descobriu que o termo 'Ventiú' estava sendo usado como nome próprio, ou seja, era uma espécie de apelido da própria Telika, a indicar sua origem asiática. Ao transcrever a reprodução fonética do dr. Wood para a linguagem escrita, ele optou pela grafia 'Hwenty-oo', o que corresponderia, na fonética brasileira, a 'Uenti-ú', aproximadamente, dado que o 'h', em egípcio, como vemos reiteradamente na obra de Wood, é aspirado, som que a língua portuguesa não tem.

Foi, portanto, para corrigir essa grafia equivocada de Hulme que Lady Nona disse a frase usada como exemplo, e que queria dizer algo assim como "Corrija o equívoco cometido em relação ao nome. Ponha 'Ventiú', por favor".

Rogo ao leitor paciente um momento mais de atenção para estas complexidades linguísticas. Elas nos proporcionam uma visão mais nítida da importante contribuição que a mediunidade pode oferecer ao esclarecimento de certos enigmas históricos, tanto quanto para decidir entre diferentes hipóteses ou, genericamente, para reduzir espaços em ignorâncias, às vezes milenares, como é o caso que estamos aqui a examinar.

Como o prof. Hulme recebia apenas os termos em egípcio, ficava sem os comentários e correções eventuais que a entidade fizesse, em inglês, pela psicofonia (à viva voz). Daí não saber, muitas vezes, o que fazer com palavras soltas, sem conexão aparente com o texto precedente ou subsequente, de modo especial quando as palavras tinham a mesma grafia ou, no dizer do prof. Gardiner, o mesmo 'esqueleto' básico, mas sentido diverso, um dos grandes problemas, aliás, da língua para os especialistas curvados sobre tais enigmas.

Determinado símbolo hieróglifo, por exemplo, é transliterado pelos egiptólogos com as três consoantes 'hnt'. No original egípcio, isto poderia significar 'taça' (ou 'xícara'), 'ocupação' ou 'passatempo'. E mais: a palavra correspondente a 'eternidade' transcreve-se como 'hnty'. Qual dos três (ou quatro) sentidos seria aplicável a um texto sob exame, se não se sabe como eram pronunciados, em cada caso, os termos?

O problema fica perfeitamente solucionado ouvindo-se Lady Nona. Ela dizia 'hen-ti', com acento na primeira sílaba, para 'ocupação'; pronunciava 'hunti', quando se referisse a 'eternidade' e 'hinti' para 'taça'. Não temos sua pronúncia para o equivalente a 'passatempo', mas provavelmente haveria, pela lógica, uma ligeira variação fonética para dintinguir 'passatempo' de 'ocupação'.

É interessante observar, ainda, que o prof. Hulme não se limita ao aspecto linguístico de sua difícil tarefa junto ao grupo do dr. Wood, mas enfrenta, com a sua habitual serenidade e convicção, o problema maior da realidade espiritual, subjacente a todo o projeto de restauração.

Em um módulo intitulado *The separate personality* (A personalidade separada),[83] aborda ele a realidade maior, assumindo a postura de que a entidade espiritual manifestada em Rosemary demonstra conhecimento próprio, específico, que não tem como provir, por telepatia, de qualquer pessoa 'viva' para a mente de Rosemary. Esta, por sua vez, como ficou evidenciado, desconhece totalmente, no seu estado normal de vigília, ou seja, fora do transe, a língua egípcia. Conhece-a, contudo, em estado alterado de consciência, durante seus desdobramentos regressivos.

O prof. Hulme está convencido de que o conhecimento linguístico demonstrado por Lady Nona confirma a inserção dela no período que ela diz ter vivido, ou seja, no decorrer da 18ª dinastia.

– A época e a fraseologia de Nona – opina Hulme[84] – pertencem ao ápice do período clássico da literatura egípcia, e este fato aumenta o valor científico de sua fala em egípcio.

Retomando o assunto, mais adiante,[85] o prof. Hulme observa que pouquíssimos escritos em egípcio foram produzidos por Lady Nona através de Rosemary. Além de não ser nativa do Egito, e sim babilônica, Nona dissera no grupo que a tarefa da escrita cabia aos escribas, que teriam uma espécie de monopólio sobre a técnica. Quanto às classes populares, não aprendiam porque não tinham condição, e as mais abastadas porque não precisavam, de vez que tinham quem o fizesse por elas. O certo é que Lady Nona, mesmo quando tenta algum texto, o faz "em estilo abreviado, de preferência em ideogramas (isto é, signos representando ideias e objetos) e não em fonogramas (ou seja, signos que representam sons)". Devo acrescentar que as palavras entre parênteses são também do prof. Hulme.

Não há, contudo, dificuldade para o professor em situar a entidade na sua época. Certa vez, por exemplo, ele escreveu ao dr. Wood solicitando-lhe que perguntasse a Nona se a palavra 'zit' significava 'mulher'. A entidade respondeu que não, a palavra se traduzia como 'assento'. Ao dizer que 'não', contudo, ela empregou o termo 'bin' que, segundo Hulme, era de uso mais recente, muito raro ainda nos textos egípcios daquela época e inexistente no período anterior. A própria Nona empregava usualmente o termo corrente 'in', com o significado de 'não'. Como ensina o prof. Hulme, apesar de recente, ao tempo de Lady Nona, 'bin' era gramaticalmente aceitável, como verificou o egiptólogo Steindorff, que encontrou um único exemplo desses, em documentos identificados com a 18ª dinastia. Por isso, escreve Hulme:[86]

– Para nós, essa palavra 'bin' constitui valiosa "pedra angular", a evidenciar o período em que Nona viveu sua existência terrena (1400 antes de Cristo).

À exceção das três vezes nas quais Hulme teve oportunidade de falar pessoalmente com Lady Nona, em sua casa, em Brighton, ele se manteve o tempo todo da pesquisa sem participar das sessões, que eram realizadas em Londres, distante cerca de trezentos quilômetros. A distância, por si só, como sabemos, não eliminaria a possibilidade de uma conexão telepática entre ele e a médium, admitindo-se, em ambos, faculdades telepáticas de altíssimo nível e excepcional qualidade, com cem por cento de aproveitamento, o que seria extremamente raro. Ocorre, porém, que foram convincentes e repetidas as demonstrações de perfeita autonomia entre Nona, Hulme e Rosemary.

Na primeira reunião da qual participou, em sua casa, Hulme pronunciou o nome do faraó, marido de Telika, como "Im-an--hápti", que ela corrigiu prontamente, para "Amên-hat i'pi".

Em outro encontro, novamente se demonstrou, com toda clareza possível, a perfeita autonomia das diversas mentes envolvidas. O prof. Hulme desejava saber da entidade manifestada em Rosemary os diferentes sentidos do símbolo egípcio que os especialistas faziam figurar, em suas transliterações, com as letras 't-r'. Logo ao formular a pergunta, Hulme usou o termo egípcio 'khomt' (três), dado que sabia da existência de três palavras com a mesma grafia t-r. Lady Nona corrigiu primeiro o seu 'khomt' para 'hong' (uma 'peça' ou 'unidade', ou melhor, 'uma coisa de cada vez'). Hulme prosseguiu interrogando qual era a pronúncia de 't-r', quando o sentido fosse o de 'tempo' ou 'período'. Antecipou para ela três pronúncias diferentes, que lhe pareciam prováveis: 'terra', 'tarra' e 'torra'. Acrescentou dois sinônimos, com outras grafias, e, obviamente, pronunciados de maneira diferente. A entidade explicou que a pronúncia de 't-r', quando o sinificado fosse 'tempo', era 'tira'. Aproveitou para corrigir também a pronúncia do professor nas outras palavras que ele introduzira como sinônimos, para facilitar o entendimento entre ambos. Quanto ao outro termo que também se figurava com as consoantes 't-r', com o sentido de 'respeito', pronunciava-se, 'turra'. Não temos a terceira palavra homógrafa, que parece levar o número 523 ou 525, na ordenação formulada pelo dr. Wood. Teríamos, para isso, de recorrer aos inacessíveis 'arquivos de Rosemary', em Londres...

O prof. Hulme observou, ainda, durante uma das sessões de que participou, que a entidade começava a responder à sua pergunta (formulada em egípcio, naturalmente), antes que ele terminasse de lê-la. Isto o levou a admitir que, possivelmente, ela receberia telepaticamente sua solicitação mental e não propriamente o texto preparado por ele ao formular a pergunta. Esta suposição baseava-se no fato de que ele sabia estarem as perguntas elaboradas de modo correto do ponto de vista gramatical, mas estava igualmente convicto de ser "incerta a pronúncia" do 'seu' egípcio,[87] a não ser naquelas palavras que já conhecera através da própria Lady Nona, falando pela mediunidade de Rosemary.

Embora certo de haver formulado uma "boa teoria" para explicar o fato de Lady Nona perceber o que ele queria perguntar antes de concluir a leitura da questão, Hulme verificou logo que a sua simpática hipótese não explicava as coisas. Primeiro, porque ele não tinha em mente o equivalente, em inglês, do que estava falando com a entidade, em egípcio; e, segundo, porque as respostas dela traziam para ele conhecimento novo, ou seja, aspectos teóricos que ele ignorava. Nunca formulava, segundo afirma, perguntas cujas respostas ele conhecesse ou que pudessem ser respondidas mediante pesquisa na literatura especializada.

São inúmeros os incidentes em que essa autonomia ficou bem marcada. O prof. Hulme menciona algumas delas no seu texto. Certa vez, por exemplo, ele perguntou à entidade algo sobre sua própria saúde. Usou, para isso, a palavra adequada, em egípcio, pronunciando-a, à sua maneira, como 'senb'. Antes de responder, ela corrigiu a pronúncia para 'seneba', provavelmente com a letra 'e' pronunciada como o 'i' português.

Acha ele, contudo, que a mais convincente demonstração de autonomia entre as diversas mentes empenhadas no projeto ocorreu durante o tempo em que ele ainda não entendera que as palavras "Vola" e "Ventiú" eram nomes próprios, não tendo, portanto, que ser traduzidas. Ao que se depreende, parece que Lady Nona desejava que ele próprio chegasse a tal conclusão, de vez que ele diria mais tarde que foi "uma luta que ela ganhou pela persistência".

De outra vez, ele imaginou um pequeno e secreto teste. Sem que os demais companheiros do grupo soubessem (Rosemary e Wood), ele preparou um texto, em egípcio, no qual solicitava à entidade que intensificasse o ritmo da sua fala, a fim de que o dr. Wood não tivesse condições de reproduzi-la foneticamente. "Fala depressa àquele que escreve" – disse ele, em egípcio. "Fala bem depressa, muito depressa. Isso".

A resposta dela foi imediata, dando-lhe, como se diria coloquialmente, "a maior bronca", ou seja, uma "severa repreenda". Isto aconteceu em 16 de agosto de 1935. Como a troca de palavras entre os dois ficou limitada ao egípcio, o dr. Wood e Rosemary só tomariam conhecimento do que se passou naquele dia, em julho de 1936, quando Hulme lhes enviou o texto de sua exposição técnica para inclusão no livro *Ancient Egypt speaks*.

Poderiam, contudo, Rosemary ou Lady Nona entender-se com o dr. Wood por meio da sempre invocada telepatia? Não, conclui o prof. Hulme. E oferece evidência disso, ao citar uma observação de Wood para ele, Hulme.

O episódio teve o seguinte desdobramento. O prof. Hulme enviara ao dr. Wood, como fazia, às vezes, um texto, em egípcio, para ser transmitido oralmente a Lady Nona. Wood procedeu como solicitado e, posteriormente, escreveu ao amigo contando o que se passara.

– O problema é que quando eu falo em egípcio com ela, ela me responde em egípcio! O que me deixa tão ignorante como sempre!

Não há, pois, na mente do dr. Wood, conhecimento de egípcio que pudesse ser transferido, por telepatia, a Lady Nona ou a Rosemary, que também ignorava a língua, como se demonstrou outras tantas vezes.

Estamos conscientes de que seria fácil para algum cético mais renitente alegar que, pelo menos quanto a Rosemary, a tese da telepatia poderia ser a alternativa invocada, de vez que, nos seus estados de transe regressivos, ela demonstrava conhecimento da língua dos faraós. É evidente, contudo, que, mesmo admitindo-se tal possibilidade, Lady Nona seria a que menos necessitava de recorrer à telepatia e aos conhecimentos (inconscientes) de Rosemary. É certo, não obstante, que o fato de Rosemary ter sido contemporânea de Lady Nona, no Egito, e ter conhecido a língua, constitui fator importante na exequibilidade do projeto xenoglóssico em que o grupo se empenhou com indiscutível devotamento.

O próprio dr. Wood, a admitir-se como válida sua identificação com o poderoso general Rama, da corte de Amenófis III, teria, nas mais profundas camadas de sua memória integral, o conhecimento da remota língua egípcia, que também ele falara. Ele, contudo, não parece ter experimentado qualquer regressão, espontânea ou provocada, que o levasse de volta ao tempo em que lá teria vivido. De qualquer maneira, ao alcance de seus sensores conscientes, nenhum vestígio existia da língua egípcia e, por isso, ficava 'na mesma' quando Lady Nona lhe respondia em egípcio, como confessa a Hulme.

Não restou a menor dúvida na mente de Hulme acerca do profundo conhecimento da língua egípcia da parte de Lady Nona. Em certa ocasião, conta ele,[88] trabalhou durante vinte horas para elaborar doze perguntas no melhor egípcio possível, atento para que a construção gramatical fosse correta, bem como a pronúncia das palavras de acordo com o que havia aprendido da entidade, desde que começara a empolgante tarefa junto ao grupo. "Nona respondeu-as todas, em sessenta e seis frases, numa única sessão de hora e meia!" – é o seu entusiástico comentário. Se fosse responder no mesmo ritmo lento, no qual o professor caprichou nas suas perguntas, Nona teria gasto, segundo seus cálculos, cento e dez horas!

– Isto explode todas as elaboradas teorias de que as frases egípcias teriam sido sacadas telepaticamente de algum circunstante encarnado – comemora ele, com evidente satisfação.

O prof. Hulme encerra o seu estudo declarando que se limitou ao aspecto puramente linguístico do caso, o que não passa para o leitor toda a riqueza das informações contidas nas numerosas comunicações de Lady Nona, que, no seu dizer, "cobrem amplo espectro de temas – uma esplêndida literatura – históricos, filosóficos e culturais".

Eu ainda acrescento, por minha conta, que, mesmo cuidando apenas do aspecto linguístico, Hulme deixa muito por dizer, dado que lhe seria impraticável, no âmbito de um papel técnico, explorar todo o material a que teve acesso.

Seria desejável, na sua opinião, que os egiptólogos tomassem conhecimento de "todos os sons" obtidos durante o trabalho realizado pelo grupo do dr. Wood, mas reconhece ser inviável a publicação de todo o material obtido. A consulta a esse precioso acervo reduziria consideravelmente o tempo dedicado à determinação precisa das vogais, a 'carne' que faltava aos 'esqueletos' da escrita egípcia.

Ao criticar a praxe de colocar arbitrariamente a letra 'e' nos espaços onde se sente a necessidade de uma vogal, Hulme recorre, uma vez mais, ao prof. Gardiner, autor da *Egyptian grammar*, por ele considerado a "principal autoridade na língua" (egípcia). Gardiner, no texto transcrito (88), declara que a atribuição do 'e' é uma improvisação artificial com escassa ou nenhuma relação com as vogais e com as desconhecidas pronúncias, tal como os egípcios as ouviam e falavam.

Alguns desses linguistas conseguiram chegar às vogais certas, pelo elaborado procedimento de examinar grande quantidade de palavras em língua copta, na qual elas figuram, como vimos, mas tal método é também inadequado. Hulme adotou metodologia semelhante, partindo de hipóteses, até que reiteradas traduções da mesma palavra, em diferentes contextos, confirmavam as vogais faltantes.

Com estas observações, podemos avaliar as dificuldades que os eruditos tiveram de enfrentar para transformar os tais 'esqueletos' em palavras pronunciáveis, com as fugidias vogais no lugar certo, bem como descobrir o sentido de cada uma das que se apresentassem com o mesmo grupo de consoantes. Daí, tantos desencontros e suposições que se cristalizaram na prática e se tornaram geralmente aceitas nos meios acadêmicos, mas que Lady Nona corrigia com frequência, nos seus contactos diretos ou indiretos com o excelente prof. Howard Hulme. Este, porém, demonstrou a rara qualidade humana a que costumo chamar de "grandeza da humildade". Embora na clara condição de competente egiptólogo e autor de um dicionário especializado, ele não hesitou em se colocar como aprendiz de Lady Nona, quanto a aspectos que porventura ignorasse. Mais do que isto, solicitou à entidade que o fizesse, corrigindo-o onde e quando entendesse necessário, mesmo sabendo que sua interlocutora era um espírito desencarnado que falava, em sessões mediúnicas, por intermédio de uma pessoa dotada de faculdades especiais, e, por esse motivo, usualmente tida como suspeita ou decididamente trapaceira.

Seja, pois, esta oportunidade tão boa quanto outra qualquer para manifestar minha homenagem e gratidão ao prof. Howard Hulme.

11 Lady Nona grava, em egípcio, "naquele objeto de metal"

Após quatro anos de trabalho junto de Lady Nona, os componentes encarnados do grupo estavam convictos de haver realizado a histórica proeza de restaurar a língua egípcia. Não apenas os hieróglifos falavam, mas as vogais surgiram do limbo a que haviam sido relegadas e passaram a ocupar a posição certa que lhes estava destinada em cada palavra escrita. Além disso, ficavam decididas complexidades sintáticas, demonstradas as estruturas das frases e revivida a linguagem coloquial, mais solta e menos formal do que a que se preservara nos textos gravados em pedra ou escritos em papiros. Não menos importante foi a 'datação' da própria Nona, que se identificara como esposa do faraó Amenófis III, de vez que ela empregara, com propriedade, palavras e expressões correntes à época da 18ª dinastia. O egípcio passara a ser, enfim, uma língua falada, além de escrita, como um ser vivo que se reencarnara em pleno século XX, após ter estado alguns milhares de anos como que mumificada nos esqueletos de que nos falou o prof. Gardiner.

Como, porém, substanciar cientificamente essa importante conquista histórica e linguística de forma a torná-la conhecida de todos e aceita pela comunidade acadêmica, em particular? Acresce que, por mais relevante que fosse – o que se tornara indubitável – a pesquisa não se esgotava em si mesma, ou seja, punha-se como veículo e evidência de uma mensagem maior, a da realidade espiritual. Uma pessoa 'morta' há trinta e três séculos decidira mostrar como se falava a língua dos faraós a fim de provar a sobrevivência do ser à morte corporal.

Em conversa com o dr. Wood, em 22 de maio de 1929, Lady Nona expôs da seguinte maneira o seu ponto de vista:

– Somente o conhecimento da vida eterna causará nas pessoas impressão suficiente para fazê-las desejarem converter todas as coisas más em coisas boas. Somente o seguro conhecimento de que todos levam consigo a carga de suas acumuladas responsabilidades para o mundo póstumo fará as pessoas sentirem a necessidade de viver de maneira correta. Um vago sentimento a respeito de céu e inferno não tem o menor valor.[89]

É correta a avaliação de Lady Nona. Já os gnósticos entendiam a redenção como tarefa individual, um retorno às luminosas paragens de origem sustentado pela busca incessante de conhecimento libertador e pela nítida consciência de nossas responsabilidades, como adverte a antiga dama egípcia, jamais uma salvação coletiva, messiânica, ante as alternativas extremadas de céu e inferno. É também correto que o dr. Wood considere essa como "das principais razões pelas quais o Antigo Egito falou", ou seja, a de chamar todas as criaturas à consciência de suas responsabilidades pessoais. Realmente, o Egito falou porque essa realidade existe e funciona por toda parte, em todos os tempos, no passado, tanto quanto neste minuto que estamos vivendo, enquanto escrevo isto ou enquanto o leitor lê o que ficou escrito. Não tem faltado, jamais, o insistente recado dessa verdade onipresente, que, não obstante, continua ignorada. Lembro, uma vez mais, que vejo dois tipos diferentes de ignorância: a que não sabe e a que não quer saber. Entendo que esta última seja a pior e a que mais graves responsabilidades acarreta àquele que a pratica, geralmente tisnada de orgulho e vaidade, quando não de olímpica arrogância. Com justificável ênfase, duas vezes adverte o Evangelho de Tomé sobre essa velha questão.[90]

– Jesus disse – informa o logion 32 – Os fariseus e os escribas receberam as chaves do conhecimento (gnosis) e as ocultaram. Nem entraram, nem deixaram (entrar) aqueles que queriam fazê-lo.

– Jesus disse – insiste o logion 102 – Ai dos fariseus! pois assemelham-se a um cão dormindo na manjedoura do gado, porque nem come nem deixa o gado comer.

É perfeitamente compreensível a justa alegria do dr. Wood ao declarar que a restauração da linguagem falada no antigo Egito foi "uma importante conquista", o que se poderia medir pelo interesse mundial suscitado pelos seus primeiros artigos sobre o assunto, traduzidos em muitas línguas. Isto, porém, acaba se caracterizando como curiosidade ocasional e não como interesse legítimo e duradouro, dado que aceitar a proeza de fazer os hieróglifos falarem é uma coisa, mas convencer multidões não apenas a tomar conhecimento da realidade subjacente, mas a adotar novos parâmetros de comportamento e de responsabilidade é coisa bem diversa.

Acresce que o conhecimento desse caso não chegou às multidões, como parece terem sonhado o dr. Wood e seus companheiros de equipe – gente e espíritos –, à pesada maioria, porque a discussão, se houve, permaneceu nas altas rodas culturais, sem chegar, sequer, ao noticiário dos jornais, à conversa anônima das ruas, dos lares e dos salões. Outros tantos, mesmo conhecendo algo da questão, teriam permanecido no aguardo de pronunciamento 'oficial' das entidades científicas e eclesiásticas. É que a ciência assumiu para muita gente o papel das velhas religiões dogmáticas, que se acostumaram a proclamar "urbi et orbi", como se diz da bênção papal, o que deve ser geralmente aceito (e crido) e o que deve ser rejeitado.

Continuamos, pois, à mercê de escribas e fariseus contemporâneos, que, no preciso dizer dos ditos recolhidos por Tomé, não comem, nem deixam ninguém nutrir-se da verdade.

Esforçam-se os luminares da dimensão espiritual em vencer as barreiras que se opõem à melhor difusão da verdade, mas os resultados continuam desanimadores. Mesmo com toda a sua vibração de otimismo, Lady Nona parece admitir que não é nada fácil fazer a mensagem chegar às massas.

Em 1935, enquanto se acumulavam as energias destrutivas que iriam explodir na guerra de 1939, a entidade falou de "uma grande regeneração mundial" que, no seu entender, seria promovida através de matrizes de conhecimento vindas do Oriente. Realisticamente, contudo, acrescenta que dificilmente isso ocorreria "antes que uma terrível luta eclodisse entre as nações do mundo", o que, paradoxalmente, "suscitaria uma aspiração à paz espiritual". Nessa mesma ocasião, ela garantiu que, "no futuro distante, o planeta seria habitado por uma raça de seres humanos de todas as nacionalidades, unidos como uma só família e inspirados pelo único propósito de ajudarem-se mutuamente, ou, então, todos pereceriam". (O destaque é meu.)

Essa união, não obstante, precisaria ser alcançada por outros meios que não "a guerra e a pestilência", no dizer do espírito.

– Por mais que odeie uma pessoa – ensina ela, nesse mesmo clima filosófico-emocional –, você acabará deixando de odiá-la, quando passar a conhecê-la mais intimamente. O mesmo ocorre com os povos do mundo.

Significativamente, porém, ela conclui admitindo que nem sempre as entidades superiores responsáveis pela orientação do planeta conseguem levar a bom termo seus projetos regeneradores e evolutivos.

– Nutríamos a esperança de evitar que esse ódio racial se difundisse, mas o novo e intenso nacionalismo surgido em certos países (Alemanha, Itália) agravou, em vez de reduzir, o ódio entre as raças – comenta ela.

Em 7 de setembro de 1935, Lady Nona diagnostica mais uma das muitas aflições da humanidade:

– A ânsia pela posse é a raiz de todos os males do mundo: a sede de poder! Se obtivermos êxito agora, uma nova era estará começando. Se não, desastre pior ocorrerá. (Destaque desta tradução.)

Ao escrever este livro cerca de sessenta anos se passaram desde que o grupo coordenado pelo dr. Wood restituiu a fala à língua egípcia, e infelizmente, continuamos a tatear pelos caminhos, perdidos em atalhos e atoleiros, perambulando, aos tropeços, pelo lado escuro da estrada, simplesmente porque a maioria esmagadora dos seres que povoam nosso planeta obstina-se em ignorar a realidade espiritual, por mais óbvia que ela se faça e por mais que ela se mostre de mil maneiras diferentes e convergentes.

O otimismo e a empolgação do dr. Wood e de seus companheiros encarnados, tanto quanto a cautelosa esperança de Lady Nona, eram justificáveis, mesmo porque todos eles acreditavam no excelente projeto espiritual de que se incumbiram. Decorrido mais de meio século, não creio que tenhamos motivos para as esperadas e desejadas comemorações. Ou seja, a convincente revelação linguística e histórica, tanto quanto espiritual, não mudou praticamente nada no rumo dos acontecimentos, nem na maneira de considerar a vida dos seres e dos povos, como, evidentemente, esperava o dr. Wood. Mais perdida do que nunca, a humanidade abandonou valores antigos, por lhe parecerem imprestáveis e superados, mas não se mostrou suficientemente amadurecida para substituí-los, antes, por outros mais avançados e eticamente mais aperfeiçoados.

Conscientes, portanto, da relevância da mensagem subjacente, da qual a façanha histórico-linguística, ainda que importante, era apenas o veículo, o grupo decidiu procurar para o trabalho realizado uma base de sustentação científica que lhe proporcionasse a desejada credibilidade.

Em 6 de dezembro de 1935, o dr. Frederic Wood e o prof. Howard Hulme apresentaram o caso, em palestra realizada para os membros do International Institute for Psychical Research, em Londres. O dr. Wood não assegura que a apresentação tenha sido recebida com entusiasmo – nem os britânicos são muito dados a demonstrações desse teor –, e sim que foi "ouvida com interesse", provavelmente com a cortesia típica de um auditório sofisticado e civilizado, mas um tanto frio.

Seja como for, Wood resolveu aceitar o convite do dr. Nandor Fodor para fazer uma gravação da fala egípcia de Lady Nona em aparelhagem da época, supervisionada pelo próprio dr. Fodor, um dos diretores da instituição e que, no dizer de Wood, "já havia reconhecido a faculdade (mediúnica) de Rosemary". Mencionei, ainda há pouco, a cortesia, talvez fria, dos membros do Instituto e novamente preciso da expressão para caracterizar a postura do próprio Fodor, de vez que na sua excelente *Encyclopaedia of psychic science* encontro apenas umas poucas linhas sobre o caso Nona/Rosemary, como que *en passant*, no verbete sobre xenoglossia. A referência é inexpressiva em relação a tantas outras acerca de médiuns e aspectos menos relevantes da fenomenologia psíquica tratados, alhures, em seu livro, com riqueza de informações.

Acertadas as medidas preliminares, a sessão de gravação foi realizada a 4 de maio de 1936, na sede do Instituto. Não eram boas as disposições de Rosemary, que se mostrava tensa e previa "um horrendo fracasso" para a experiência, como assegurou ao pessoal técnico do Instituto. Por outro lado, Lady Nona recusara-se a discutir o problema, bem como a contribuir para elaboração do plano de trabalho ou, sequer, dar uma indicação, ainda que vaga, sobre o tipo de mensagem que desejava passar. O prognóstico era, pois, incerto, para dizer o mínimo. Além disso, o Instituto funcionava em South Kensington, nas proximidades de uma das ruas mais barulhentas de Londres, mesmo naqueles idos de 1936, quando a indústria automobilística balbuciava e o ruído maior ainda corria por conta das carruagens de tração animal.

A despeito das dificuldades suscitadas pelo nervosismo de Rosemary e pelo ruído externo, que chegou a provocar uma interrupção na breve exposição, Lady Nona conseguiu gravar uma mensagem coerente em egípcio antigo.

Começou, educadamente, por apresentar a médium: "I ' stia Vola". (Esta é Vola), disse ela. Falou, a seguir, segundo se apurou depois de traduzido o texto para o inglês, da importância do trabalho que documentava a realidade maior da sobrevivência do ser à morte corporal, oportunidade da qual ela se valia para trazer informações sobre a vida nos planos mais elevados que havia alcançado. Considerava o projeto como ponto de partida para tarefas ainda mais relevantes, que ficavam, obviamente, reservadas ao futuro e na dependência do bom êxito do que estavam fazendo naquele momento. A revelação de aspectos ainda desconhecidos da língua egípcia constituiria, a seu ver, "convincente medida preliminar".

Diplomaticamente – não fosse ela uma rainha, acostumada às sutilezas da corte faraônica – elogia o trabalho dos egiptólogos, pelo que já haviam conseguido realizar na complexa tarefa de reconstrução da linguagem de seu tempo com o único apoio dos textos escritos.

Chama a atenção de todos para o fato de que uma 'pessoa viva' (Vola reencarnada como Rosemary) lembrava-se de sua existência no Egito e testemunhava que Nona fora sua contemporânea, para, em seguida, dirigir-se novamente aos egiptólogos a fim de convidá-los a examinarem também os aspectos mediúnicos do trabalho. A essa altura, ela percebe que o primeiro lado do disco está completo e aproveita a pausa para se queixar do barulho da rua, que interferia com a experiência.

A gravação do lado B do disco começa com uma exortação à médium para que persista até o fim, dado que Rosemary se mostra ainda insegura, a ponto de interromper a comunicação, pelo que se desculpa, em inglês, com a entidade. Nona prossegue, dizendo que, muito absorvidos em suas pesquisas, os egiptólogos não estavam "considerando o ouvido", ou seja, o som da língua, que somente conheciam escrita. Vola (Rosemary) deveria prosseguir com a sua tarefa a fim de permitir que ela, Nona, pudesse passar à fase seguinte do projeto. Aproveita para assegurar à médium sua carinhosa proteção. Ao dizer isto, emprega o que o dr. Wood considera "uma rara e bela expressão idiomática egípcia".

Dirige-se, finalmente, "aos que estão vivendo" para sugerir-lhes que não se precipitem e considerem cuidadosamente a mensagem que lhes chega do passado distante, ou seja, que exerçam o senso crítico pessoal. Rosemary, no seu dizer, é a 'abertura' através da qual o contato com os planos superiores está sendo realizado.

– Nós duas – conclui – produziremos a evidência pela qual todas estas coisas serão provadas.

Por fim, uma curta saudação de encerramento, Ah kon, equivalente ao "tenho dito" ou "era isso que eu tinha a dizer".

Uma cópia do disco foi remetida ao prof. Hulme, em Brighton, e outra entregue ao dr. Wood, além das que o Instituto providenciou para seus próprios arquivos ou para outras finalidades. Ao ouvir a gravação, posteriormente, Nona achou-a "horrível" e decidiu que jamais repetiria a experiência. (Mudaria de ideia três anos depois, estimulada por motivações que conheceremos mais adiante). Que a qualidade técnica da gravação tenha sido questionável, não há dúvida, pelo menos pelos padrões de fidelidade que seriam desenvolvidos no decorrer das décadas seguintes. Mesmo aquela, contudo, era uma façanha respeitável, realizada com o propósito de documentar, de alguma forma, a fala de um espírito em puro egípcio através de uma pessoa 'viva'.

Embora Hulme começasse imediatamente a trabalhar no pequeno texto gravado, o dr. Wood tentou convencer a entidade a traduzi-lo, ela mesma, para o inglês, a fim de comparar a tradução de Nona com a do amigo egiptólogo, mas Nona não concordou. Admitiu, contudo, fazer alguns comentários, em inglês, que o dr.

Wood transcreveu e publicou em coluna ao lado da tradução feita por Hulme.[91] Posteriormente, em 27 de maio, Nona abordou o problema com as seguintes palavras:

— Já tentei explicar a você, doutor. Não posso examinar frase por frase. Falar (o egípcio) é uma coisa mecânica (automática?); ouvi-lo de você e retraduzi-lo na hora, através do médium, não é (uma coisa mecânica). Não posso fazê-lo. Você terá de se dar por satisfeito com uma impressão geral.

Hulme chama a atenção para o fato de que as chamadas 'imperfeições' da gravação são incidentes que testemunham sua autenticidade, dado que representam improvisações ante contingências do momento, como o ruído do tráfego ou o breve despertamento de Rosemary, que produziram comentários coloquiais, introduzidos num texto antecipadamente preparado pela entidade.

O dr. Wood revela-se em toda a sua compreensível euforia. Tinha agora, em seu poder, uma gravação obtida com os recursos da tecnologia da época, em uma instituição respeitável, cercada de precauções adequadas. Não há dúvida, porém, de que tenha superavaliado o provável interesse dos egiptólogos pelo trabalho do seu grupo. A despeito de seus bem intencionados esforços, o silêncio dos eruditos somente foi quebrado por um deles, não, porém, para examinar sem preconceitos o material, mas para criticá-lo, contestando, em vários aspectos, o testemunho de Lady Nona.

No início de julho de 1938, o dr. Nandor Fodor escreveu ao dr. Wood, sugerindo que, por ocasião da palestra então programada para os membros do Instituto, o pesquisador levasse consigo a médium Rosemary, caso ela concordasse, para fazer nova gravação xenoglóssica da fala de Lady Nona. Como era de prever-se, Rosemary recusou prontamente o convite, na primeira oportunidade que se encontrou com o dr. Wood para a sessão mediúnica semanal. O assunto foi debatido entre eles por alguns momentos, mas logo foi feita a prece com a qual costumavam dar início aos trabalhos. Inesperadamente, contudo, Lady Nona manifestou-se, por psicografia, nos seguintes termos:

— Não me oponho à repetição da experiência, se a minha médium achar que as condições são suficientemente boas. Tudo correrá bem.

Wood comenta que este foi um dos melhores exemplos da perfeita independência entre Nona e Rosemary, de vez que a médium descartara sumariamente a repetição da experiência, enquanto a entidade manifestara-se disposta a realizá-la. Aliás, Rosemary permanecia relutante, mesmo após conhecer a opinião de Nona, mas acabou concordando, ficando a nova sessão de gravação marcada para o dia 14 de julho, algumas horas antes da conferência do dr. Wood no Instituto. Decidida a questão, combinaram os dois esquecer o assunto até o momento oportuno, obviamente para não criarem, por antecipação, desnecessárias tensões. Mal haviam acertado esse pormenor, quando Nona também se pronunciou, dizendo "Za hama tem. Din ut. Kon!", ou seja, algo assim como: "Eis uma boa decisão. Esqueçam tudo. Está falado!"

A nova gravação foi, portanto, realizada na sede do Instituto, mais uma vez sob a cortês supervisão do dr. Nandor Fodor e a colaboração de um técnico da firma especializada. O dr. Wood confessa que não tinham a menor ideia do que iria acontecer, se é que alguma coisa iria mesmo ocorrer. Na hora aprazada, sentaram-se à mesa, em cômodo adjacente ao estúdio de gravação, e fizeram a prece habitual. Por psicografia, Lady Nona declarou que "as coisas estavam muito estranhas" naquela manhã, mas não explicou porquê. Anunciou, ainda, que daria o sinal convencionado quando estivesse pronta. Pouco depois, começava a falar através de Rosemary. Atento a qualquer detalhe, o dr. Wood observaria, mais tarde, que, dessa vez, o transe fora muito profundo, dado que a entidade, mergulhada numa encarnação na qual falara o egípcio, demonstrara certa dificuldade em pronunciar palavras 'estrangeiras' como "Institute", ou "doutor Fodor", além do problema usual de formular certos conceitos ou designar, numa língua morta há milênios, objetos do século XX, como `gramofone', `disco' e outros.

Devemos nos lembrar, ademais, que ninguém ali, entre os encarnados, entendia patavina do que estava sendo gravado. O conhecimento da fala somente viria depois do laborioso trabalho de tradução, em muitos aspectos, apenas aproximada, e, portanto, ainda imperfeita, nas primeiras tentativas. Somente algumas semanas depois, foi possível saber sobre o que falara a entidade, que usou, exclusivamente, o egípcio.

Dissera ela, de início, que estava ali para fazer uma gravação que serviria de evidência para "satisfazer o ouvido", e que continha uma mensagem, experiência, aliás, que se repetia, dado que já se realizara uma anterior por meio desse "objeto de metal" (o gramofone). Explicava que fora muito difícil "trazer a linguagem falada ao ouvido". Se é que entendo bem o texto, Lady Nona se mostrava insatisfeita com o fato de tão grande proeza não ter causado o esperado impacto. Por isso, a força da evidência se perdera. Era preciso insistir, difundir os fatos. Depreende-se, ainda, que a entidade fala em nome "daqueles, no mundo espiritual", que haviam desenvolvido o projeto, a fim de "expressar nosso desapontamento". Era preciso superar o "infortúnio" e insistir na validade daquilo que havia sido realizado pelo grupo. Tais palavras destinavam-se a "frustrar a oposição". Era necessário contestar os contestadores, por meio de um documento público a ser amplamente difundido.

A nova gravação continha elementos suficientes, no seu entender, para clara resposta a um crítico específico, cujos equívocos deveriam ser apontados e corrigidos. "Façam uma cópia (do disco) para ele", recomenda ela.

Nesse ponto, chega ao fim a primeira face do disco e, enquanto o técnico se prepara, no cômodo ao lado, para gravar a outra face, a médium, ainda em transe profundo, coloca a mão sobre o microfone e, voltando-se para o dr. Wood, diz algumas palavras, em voz mais grave, masculina e imperiosa, recomendando (em verdade, determinando) que fosse mais amplamente divulgado o trabalho. Feita a recomendação – cujo teor somente seria conhecido na tradução – diz a voz: "Vin ist Féran", ou seja, "Quem fala aqui é o faraó".

Essas palavras não foram, evidentemente, gravadas, porque o disco estava sendo revertido, mas o dr. Fodor testemunharia, posteriormente, que as ouvira através dos fones que mantinha ao ouvido.

Posta a face b do disco em movimento, Lady Nona retoma a fala para recomendar diretamente ao dr. Fodor que colaborasse na divulgação dos fatos que estava testemunhando, mantendo em seu poder uma cópia do disco. Alguém, que ela caracteriza como "homem responsável", havia, decido "fugir", ou seja, rejeitar a realidade que tinha diante de si. Não era mais a Lady Nona diplomática da primeira vez, mas impaciente, senão irritada mesmo, com a obstinada rejeição à evidência oferecida. Severamente, ela adverte que se incumbiria pessoalmente de desmentir as críticas, ou seja, nos seus próprios termos, a "refutar a calúnia". Estava mesmo injuriada! Fazia questão de deixar documentada sua irritação contra o crítico. Ela faria do "homem equivocado", uma pessoa "zangada", ou seja, iria contrariá-lo frontalmente. E reiterava, com desusada energia, fosse feita uma cópia do disco e que se empenhassem todos em testemunhar os fenômenos e torná-los públicos. "Escreva sobre essas coisas!", dizia de maneira imperiosa ao dr. Wood. O disco, com o aval do Instituto, constituiria, no seu entender, evidência suficiente para projetar o assunto, fazendo "desaparecer as incertezas". Era preciso contestar o crítico – o cavalheiro "equivocado" – com a demonstração contida na gravação. E repete, incansavelmente, que o trabalho precisava ser divulgado a fim de que todos pudessem tomar conhecimento dele. Quanto ao crítico, a despeito de sua irritação, ela conclui que o ataque dele não passava de mera mordida ou picada, ou seja, não tinha consistência. (Penso que nunca um erudito egiptólogo tenha sido caracterizado tão sutilmente como mero inseto). Nem por isso, contudo, deixa ela de insistir em que ele deveria ser contestado publicamente. As frases finais, ainda em tom imperioso e irritado, o dr. Wood prefere não publicá-las em inglês, em educado sinal de consideração pelo crítico, mas assegura que estavam estruturadas de maneira absolutamente correta e em veemente linguajar egípcio. Sem dúvida alguma, Lady Nona mostrava-se indignada com o "homem equivocado"... De tudo o que ela disse e ficou sem tradução, só entendo o já familiar "Kon!", ou seja, "Tenho dito!"

Em atenção ao apelo-comando das entidades, o dr. Wood escreveu seus livros, fez as palestras, colocou-se à disposição de quem quer que desejasse consultar a documentação em seu poder, mas nenhum egiptólogo, ao que se saiba, o procurou, senão o competente prof. Howard Hulme, que vinha colaborando com o grupo já há algum tempo, como sabemos. Fez mais o doutor, escrevendo meticuloso papel, no qual confronta a fala de Lady Nona, na segunda gravação, com dois textos respeitáveis da época, o 'Dicionário' do prof. Budge e a 'Gramática' do prof. Gardiner. O documento de Wood é erudito demais para os nossos propósitos aqui, mesmo porque se destinava aos egiptólogos em geral, mostrando convergências e divergências entre a fala da entidade e os conhecimentos contidos nos livros contemporâneos e que poderiam ser consultados tanto no Museu Britânico, como em qualquer boa biblioteca inglesa. Ressalta esse documento que Lady Nona fazia correções, esclarecia pontos duvidosos e ensinava sobre a língua egípcia aspectos ainda ignorados ou obscuramente teorizados.

Não consta que alguém se tenha interessado pelo trabalho do dr. Wood, a essa altura bem mais familiarizado com a língua dos faraós. Mesmo oficialmente convidados pelo dr. Nandor Fodor, nenhum representante do Museu Britânico compareceu ao Instituto no dia da segunda gravação.

Em 21 de julho de 1938, uma semana após o desabafo de Lady Nona, a revista Light publicou uma nota de autoria de George H. Lethem, diretor do órgão, e que esteve presente à conferência do dr. Wood, no dia 14. Lê-se, nesse texto, a informação de que o disco foi tocado para o auditório, tendo o conferencista declarado não saber ainda o que havia sido dito através de Rosemary, dado que a tradução somente ficaria pronta em cerca de três semanas.

E prossegue o relato de Lethem:

– Mas – e este é o ponto relevante – ele declarou-se disposto a submeter a gravação aos especialistas, e desafiou os egiptólogos a estudarem-na. Será que eles se dignarão fazê-lo? Ou ignorarão o desafio e perderão a oportunidade, simplesmente porque se afirma que aquelas palavras foram pronunciadas por um ser espiritual (Nona) através dos lábios de uma médium?

Sabemos todos das respostas às questões propostas pelo jornalista. Os egiptólogos não se dignaram examinar o material oferecido, ignoraram o desafio e perderam a oportunidade de esclarecer inúmeros enigmas da língua egípcia, porque consideravam indesejável qualquer tipo de envolvimento com o 'ocultismo', ou seja, com médiuns, espíritos, mediunidade, sobrevivência e reencarnação que, certamente, consideravam meras crendices indignas da atenção dos sábios.

Em clara percepção da importância do evento, o autor da nota concluía:

– Se o dr. Wood está certo em afirmar que, através da voz de Rosemary, a antiga língua do Egito está sendo falada – e ele oferece boas razões para se crer que está certo –, então um verdadeiro milagre está acontecendo e os especialistas não deveriam permitir que o obscurantismo ou o preconceito os impedissem de prestar às gravações a devida atenção.

Pois o circuito fechado da erudição continuou fechado sobre si mesmo, como que com um só pensamento: "Que esse dr. Wood cuide de seus espíritos e de seus médiuns, enquanto nós cuidamos de egiptologia".

Penso, no entanto, que não foi só o envolvimento com o tão falado 'ocultismo' que afastou os egiptólogos da época do material posto à disposição deles pelo dr. Wood. Leio em *The mountains of pharaoh*, de Leonard Cottrell, uma curiosa observação que muito tem a ver com o problema. Escreve ele, na introdução ao seu livro.[92]

Há uma questão que me tem deixado intrigado há muitos anos. Por que os egiptólogos são tão rixentos? Os que não tiveram oportunidade de manter algum relacionamento mais estreito com os arqueólogos podem ser perdoados por imaginarem, como eu, que homens e mulheres que optam por essa profissão seriam criaturas gentis e dedicadas, devotadas à busca do conhecimento, longe das animosidades e dos ciúmes que afligem o comum dos mortais. Afinal, eles cuidam de assuntos que, no dizer de sir Arthur Evans, "colocam-se à margem das paixões humanas, nas silenciosas avenidas do passado".

Feita a introdução ao problema, prossegue Cottrell:

Bom seria que assim fosse! Mas não é. Poucos arqueólogos passam a vida sem suscitar a animosidade de alguns dos seus colegas de erudição. Há, por exemplo, a tradicional rivalidade entre o arqueólogo, que faz as escavações, e o filólogo, que estuda os manuscritos na sua biblioteca. Sei de filólogos que gostariam de interromper as escavações durante meio século até que todas as inscrições fossem copiadas e traduzidas.

O livro de Cottrell é de 1956, mas reporta-se a animosidades e ciumeiras que vêm de longa data. Embora seu estudo cuide apenas das pirâmides, as rivalidades e as disputas entre os grandes e menores da erudição internacional parecem infectar toda a área da arqueologia e ciências correlatas. A dra. Elaine Pagels apresenta o mesmo cenário, ao citar, no seu excelente The gnostic gospels, o prof. Hans Jonas, que lamenta "as ciumeiras eruditas e o 'primeirismo'" que se apossam daqueles que têm acesso às informações, o que acaba criando o que caracteriza como verdadeira "chronique scandaleuse" (em francês, no original inglês), no meio acadêmico internacional.

Ante esses depoimentos de gente do ramo, não há como deixar de entender, pelo menos, o silêncio dos egiptólogos perante o trabalho do dr. Frederic Wood, ainda mais com o indesejável complicador da mediunidade a contaminar o problema já de si complexo. Se disputar com colegas de profissão não é nada fácil, imagine-se quando a polêmica se anuncia com uma pessoa que se declara morta há trinta e três séculos!

Foi assim que a relevante conquista histórico-linguística realizada pelo grupo do dr. Wood não conseguiu vencer a barreira da estudada indiferença dos especialistas.

12 A 'OUSADA' PROPOSIÇÃO

Ao publicar, em 1935, *After thirty centuries*, primeiro volume da série de três livros sobre o caso, o dr. Frederic Wood acreditava estar oferecendo aos seus leitores a "ousada proposta" de que Lady Nona vivera no antigo Egito. No capítulo VI do volume seguinte, *Ancient Egypt speaks*, lançado em 1937, após reunir maior volume de informações, mostrava-se ele convencido de que Rosemary fora contemporânea de Nona, há cerca de 3300 anos, proposição que ele considera ainda mais ousada do que a anterior. Chega mesmo a oferecer sua simpatia ao leitor porventura estressado com mais esta carga a testar as resistências de sua credibilidade, de vez que também ele e o prof. Hulme relutaram durante muitos anos em aceitar a evidência que os fatos iam acumulando. "Se Rosemary viveu antes, muitos de nós – talvez a maior parte – podemos também ter vivido anteriormente", conclui o dr. Wood.

Se me fosse possível, eu tranquilizaria o autor e mais o prof. Hulme. Não constitui nenhuma pressão sobre minha credibilidade a suposição de que Lady Nona teria vivido no Egito dos faraós ou a de que Rosemary tenha sido sua contemporânea. Compreendo, contudo, a posição deles. Temiam, certamente, pela aceitação do projeto em que estavam empenhados, ou seja, demonstrar que haviam conseguido descobrir, com os recursos da mediunidade, como é que os egípcios falavam. O recado que estavam transmitindo destinava-se a um contexto intelectual sofisticado, predominantemente materialista, para o qual a mediunidade por si só era suficiente para botar todo o projeto sob suspeita, quando não sob total e sumária rejeição. Como é que uma pessoa 'morta' há trinta e três séculos poderia estar viva para se manifestar, mesmo admitindo-se, com a melhor boa vontade do mundo, essa duvidosa conversa sobre mediunidade? Afinal de contas, se a proeza linguística era autêntica, como parecia, poderia ainda ter outras explicações, como, por exemplo, a tal memória coletiva, ou a telepatia, ou a de que a suposta médium fosse dotada de conhecimentos ocultos (boa palavra, essa!) do egípcio, adquirido em suas passagens por museus etc. Pois o prof. Flournoy achou que a médium Helène Smith fora capaz de produzir textos em sânscrito e revelar conhecimento de obscuras personalidades históricas, somente por ter algum dia folheado uma gramática daquela língua ou algum livro perdido em desconhecidas bibliotecas. Se folheara mesmo, ou se fora ou não à biblioteca, isso não importava, o que se tornara urgente era encontrar qualquer hipótese que servisse de alternativa para a indesejável doutrina da sobrevivência e a da comunicabilidade entre vivos e mortos e mais a da reencarnação. Tudo, menos isso.

Daí a preocupação do dr. Wood. Mesmo que o leitor complacente houvesse concordado em admitir, educadamente, a 'fantasia' da sobrevivência do ser, comparecia ele, no novo livro, com mais uma sobrecarga: a de que Rosemary poderia ser, afinal de contas, uma pessoa reencarnada! A gente percebe que o próprio dr. Wood está meio perplexo. Depois de relutar vários anos em admitir a hipótese da reencarnação de Vola como Rosemary, ele se mostra um tanto preocupado ante a possibilidade de ser isso possível para muita gente, talvez para a maioria.

— Tais inferências — analisa o dr. Wood[93] — nos põem em conflito com influências e ensinamentos eclesiásticos, que, há muito tempo, decidiram que a doutrina da reencarnação é uma heresia.

Isto parecia muito grave ao autor, pois ele acrescenta que, "se fosse poupado", suponho que pelos seus críticos de vários matizes, prometia voltar ao assunto no livro seguinte a fim de cuidar mais extensamente do problema, dado que, no momento, desejava apenas apresentar o "testemunho e a evidência da mediunidade de Rosemary", o que certamente, a seu juízo, já era pedir muito ao leitor.

Ao antecipar a provável rejeição por parte de seus leitores, o autor se apoia em experiência pessoal. Conta[94] que, em 28 de junho de 1930, uma entidade que se identificava como Maisie falou-lhe, através da médium britânica, sra. Mason, de Nona e de Rosemary, acrescentando que as duas viveram juntas no Egito antigo, onde Rosemary havia sido bailarina.

– Na ocasião, não aceitei essa informação – confessa Wood –, dado que, em verdade, além de não acreditar na reencarnação, a ideia me era desagradável.

Mesmo já um tanto 'envolvido' com o 'ocultismo', portanto, e em consultas frequentes a médiuns, através das quais conseguira estabelecer contato convincente com seu 'falecido' irmão, o dr. Wood ainda estava longe de ser o pesquisador bem informado que julgava ser àquela época. E mais: revelava-se pouco familiarizado com as amplitudes da realidade espiritual, da qual conhecia apenas limitados aspectos experimentais, sem muito apoio teórico. Essa, aliás, tem sido uma das características do espiritualismo, mais interessado nos aspectos práticos ou experimentais do intercâmbio com os 'mortos' do que no estudo sistematizado das suas vultosas implicações. Para Allan Kardec, o prof. Rivail, a prioridade fica, ao contrário, com as estruturas doutrinárias, das quais a fenomenologia é suporte experimental, ainda que relevante.

Vivendo nesse ambiente cultural ao qual dirigia seus livros, é natural que o dr. Wood desejasse preservar o status e a credibilidade de sua pesquisa histórico-linguística, protegendo-a com um mínimo de envolvimento em aspectos controvertidos e amplamente rejeitados pela sociedade em que vivia. Era conveniente evitar temas como sobrevivência do ser, intercâmbio com espíritos, reencarnação e coisas desse tipo, que, no entender de muita gente, invalidavam liminarmente o possível mérito do seu trabalho. Eram muitos os que não leram e não gostaram do que ele tinha a dizer. Podemos assegurar, com algum desencanto, aliás, que as coisas não mudaram muito nas últimas seis ou sete décadas. Os círculos mais sofisticados da cultura internacional e os da ciência ainda confundem a realidade espiritual com crendices, fantasias e ingenuidades, toleráveis em pessoas de baixo nível de instrução e inteligência, mas inaceitável em intelectuais de formação universitária, nos quais se presume olímpico desprezo por tudo isso.

Seja como for, Lady Nona continuou a empilhar evidências de que o material produzido nas sessões mediúnicas caracterizava-a como entidade autônoma, individualizada e sobrevivente, e não um subproduto ou personalidade secundária de Rosemary. Aliás, não faltam teorias, das mais esdrúxulas e complexas, criadas sob a desesperada pressão de inventar explicações que neutralizem as que demonstram a realidade transcendente. Acostumada ao tipo de comprovação que a matéria oferece, a ciência obstina-se em exigir dos fenômenos cujos mecanismos independem de estruturas materiais o mesmo tipo de comprovação que pede a estes. Enquanto isso, as hipóteses alternativas continuam a ser formuladas ou reformuladas. O caso de Nona é um bom exemplo de que a rejeição dita científica parece, à primeira vista, bem apoiada nos fatos observados. Pode-se alegar, por exemplo, que, se a entidade que se apresenta como Lady Nona trabalha com o subconsciente de sua médium, como informa o dr. Wood, então é porque os dados que ela produz não têm de provir, necessariamente, de nenhum espírito sobrevivente, de vez que podem ser sacados dos arquivos mnemônicos da própria Rosemary. Esta, por sua vez, acaba demonstrando que não apenas conhece a língua egípcia, quando regredida à sua vivência na corte do faraó Amenófis III, como hábitos, costumes, história e aspectos religiosos, a ponto de resgatar partes importantes da coreografia e da música daquela época.

Há, pois, evidência de um conhecimento comum às duas pessoas em intercâmbio mediúnico, ou seja, Lady Nona e Rosemary, e para o cético fica mais cômodo adotar a postura de que são a mesma pessoa em fases ou sintonias diferentes, ora ligada a certo conjunto de lembranças (genéticas, ou o que sejam), ora em contato com outras áreas desconhecidas do psiquismo. Como provar, com a objetividade que exige a ciência, que Lady Nona é uma antiga rainha egípcia sobrevivente e que Rosemary é uma antiga dama de companhia dela? Como provar que, além de sobrevivente, Vola está de volta a um corpo físico, em nova existência na carne, desta vez uma jovem inglesa por nome Rosemary?

Por isso, o 'impasse' continua. Para não reformular toda a sua estrutura de conhecimento e mais a da filosofia, a ciência prefere ignorar o problema, teimosamente fixada na sua postura de somente mover-se rumo a uma possível aceitação, quando lhe forem apresentadas provas consideradas incontestáveis, mas que sejam, ao mesmo tempo, compatíveis com os parâmetros que a metodologia científica deseja impor como condição mínima. Como obter evidências imateriais trabalhando exclusivamente com paradigmas elaborados para lidar com as estruturas da matéria?

Seja como for, vencida a primeira fase de dificuldades na adaptação da entidade ao seu instrumento de manifestação, ou seja, Rosemary, e ainda com problemas de transmissão do pensamento em inglês, Lady Nona anunciou, em 20 de junho de 1930, referindo-se à sua medianeira: "Esta é Vola". Em seguida, explicou:

– Ela... princesa capturada... trazida com outros para Egito. Ela veio para mim, para minha casa. Chorou para morrer... Eu a protegi. Eu, rainha. Ela, síria... belíssima dançarina. Uma luz no templo, no topo de uma coisa alta... três pernas. Vola, uma das guardiãs. Vola minha responsabilidade. Ela afogou-se comigo, secretamente.

Mesmo no inglês quebrado dá para perceber todo o drama da bela dançarina síria, trazida à força para o Egito, como espólio de guerra. O dr. Wood atribui esse linguajar hesitante ao fato de Lady Nona ter de aprofundar mais o transe de Rosemary a fim de fazer passar por ela informações que, de outra forma, talvez resultassem incorretas, por causa da censura pessoal da médium sobre o material.

Em outra oportunidade, Lady Nona fez exposição mais detalhada sobre Vola, recorrendo aos recursos da psicografia, ou seja, por escrito.

Segundo esse texto, Vola havia sido trazida da Síria pelo vitorioso exército egípcio, como parte do rico espólio de guerra. Eram centenas de prisioneiros destinados à escravidão, a maioria deles homens e mulheres fortes em condições de atender à crescente demanda de trabalhadores exigida pelas obras faraônicas. Alguns dentre eles, contudo, eram especiais e altamente valorizados e, por isso, objeto de tratamento cuidadoso. Entre estes, Vola, filha de uma irmã do rei sírio, morto na guerra e, portanto, membro da família real, sobrinha do soberano.

Ela era ainda muito jovem, uma adolescente, sem qualquer vivência pública, em vista dos costumes reclusos de sua gente, compatíveis, aliás, com a sua condição de mulher e de nobre. Ao ser feita prisioneira e levada para a servidão no Egito, Vola estava prometida a um primo, já famoso pela sua competência como guerreiro, e que também morreu juntamente com o futuro sogro, seu senhor e rei. O pesado castigo infligido nesse sangrento massacre resultou de decisão do faraó Amenófis por recusar-se a Síria a "obedecer a ultrajantes exigências" feitas pelo Egito.

Vola sentia-se literalmente aterrorizada no meio da soldadesca, mesmo porque nunca estivera "tão perto dos fatos brutais da vida". Em consideração pela sua condição real, concederam-lhe o privilégio de ser colocada numa pequena tenda que os soldados carregaram aos ombros. Ninguém a via senão uma serva e o seu captor, comandante do exército do faraó. Este militar é que teria sido o dr. Wood, naquela remota encarnação, mas o nosso caro autor não parece muito confortável em se demorar nesses detalhes algo incômodos, o que é perfeitamente compreensível.

Mas uma reviravolta da sorte ajudou Vola. Ao chegar ao Egito, o faraó já se sentia fraco e indisposto; do contrário teria determinado outro destino para a jovem princesa, provavelmente, tomando-a como esposa. Em vez disso, deu-a de presente a Nona, que se tornou sua proprietária e protetora. A intenção da rainha era fazer dela uma simples criada, mas impressionada com a beleza da moça, com sua habilidade como dançarina e outros talentos, Nona achou que ela seria uma servidora ideal no templo de Amon-Rá, no qual a rainha era uma das sacerdotisas. Embora pudesse ter ordenado que assim fosse feito, a rainha Telika (Nona) consultou a jovem a respeito, que aceitou a tarefa que lhe era oferecida.

Ainda segundo Nona, o faraó não era mais o mesmo. Aproveitando-se de suas fraquezas, seus inimigos internos tramavam contra ele, com a ajuda dos sírios, obviamente interessados em se livrarem da condição servil. Nona soube que o sumo-sacerdote de seu próprio templo liderava a conspiração. Por isso, tentou destruí-lo, mas acabou, por sua vez, descoberta e assassinada juntamente com Vola, que, além de estrangeira, era muito ligada à rainha.

– Isso é tudo quanto lhe posso contar hoje – escreveu Nona, para encerrar –, mas, quando outra oportunidade de iluminação ocorrer, quando o véu da memória parece levantar-se por algum tempo, então continuarei com minha história. Oro ao Deus único para que assim seja, pois há muito mais para ser revelado. Aqui eu paro. Nona.

Concluída a psicografia, Nona disse em egípcio: "Ah gi um tá i et rá", que, posteriormente traduzido, resultou em algo como "Foi glorioso aquele período em que vivi!" E foi mesmo, dado que a 18ª dinastia representa um dos pontos altos da civilização e da cultura egípcias, a despeito, e até por causa das guerras de conquista, por meio das quais os povos vizinhos ou mais distantes eram submetidos e obrigados a pagar pesados tributos com os quais se mantinha todo o aparato e a grandeza da corte dos faraós.

Vola/Rosemary/Ivy Beaumont 13

Numa das raras visitas do dr. Wood e de Rosemary ao prof. Howard Hulme, em Brighton, Lady Nona fez, em inglês, a seguinte avaliação de Rosemary:

– Minha médium é o meu outro eu na terra. Ela me é mais querida do que qualquer pessoa, exceto uma. Por intermédio dela, vivo novamente na terra. Sofro com ela, sinto seus desgostos, seus receios, suas dificuldades. Mas, a despeito de tudo, insisto com ela para suportar tudo com alegria e sofrer pelo bem da humanidade.

Rosemary correspondeu a essa profunda afeição e deu seu testemunho com irretocável fidelidade e devotamento. Não foi fácil a tarefa que ela não assumira conscientemente, por iniciativa própria. A rigor, nem parecia preparada para o exercício da mediunidade, que a tomou de surpresa. São escassas as informações sobre ela, a quem o dr. Wood procurou preservar, de todas as maneiras ao seu alcance. Durante muito tempo, seu verdadeiro nome foi ignorado. Lembro-me que, em 1978, encontrei, num sebo, um perdido exemplar de After thirty centuries, do dr. Frederic Wood. Impressionado pelo seu trabalho, escrevi um artigo intitulado "O cinquentenário de Lady Nona" que a revista Reformador publicou em seu número de outubro daquele ano.[95] Enquanto a matéria aguardava publicação, já na redação da revista, Francisco Thiesen, então presidente da Federação Espírita Brasileira, folheando 'ao acaso' (as aspas são dele, em nota de rodapé ao meu artigo), uma coleção da revista relativa ao ano de 1955, encontrou a informação, transcrita do *Sunday Express*, de que o nome verdadeiro de Rosemary fora Ivy Beaumont e que ela residia em Blackpool. Não tenho a data dessa publicação, mas o jornal inglês declarava que, a essa altura, a médium excursionava pelo Egito, em companhia do dr. Wood, fazendo experiências em diferentes locais. Imagino que o resultado desse trabalho deva ter sido incorporado pelo meticuloso musicólogo e escritor aos preciosos "Arquivos de Rosemary".

O leitor já sabe de minha frustração por não ter tido oportunidade de acesso a essa documentação.

Referindo-se à pessoa humana Rosemary e não à médium, o dr. Wood a descreve[96] como jovem bem educada, com uma visão normal e alegre da vida. Numa época e contexto em que a imagem padronizada do médium era a de pessoa um tanto estranha e excêntrica, anormal mesmo, Rosemary nada tinha a ver com isso. Sua foto, estampada em *Ancient Egypt speaks*,[97] mostra a típica jovem inglesa, sorriso discreto, quase tímido, bonita, saudável, sem artificialismos ou sofisticações.

No mesmo impulso de preservar a médium e resgatar a mediunidade dos deprimentes conceitos que a envolviam na época e que, em parte, persistem, o dr. Wood lembra que os gregos deixaram evidência do conhecimento que tinham desse importante aspecto do psiquismo humano e sabiam como desenvolver e cuidar do exercício da faculdade, nos seus famosos oráculos. Com a decadência da civilização grega, o materialismo começou a instalar-se nos nichos da cultura mundial e o que nos ficou de herança foi o que o dr. Wood caracteriza como "o cinismo da antiga Roma e influências pagãs subsequentes". Essa visão deformada da realidade, teria levado, ainda na opinião do autor, "muita gente a imaginar que qualquer referência à vida póstuma é questão de exclusivo âmbito religioso e, portanto, deve ser deixado a critério da Igreja".

Podemos acrescentar que a Igreja, em qualquer das suas denominações, nada fez para dar à mediunidade o tratamento correto e respeitoso que merece; ao contrário, contribuiu para que mais negativa se tornasse sua imagem, confundindo-a, por ignorância ou consciente deliberação, com feitiçaria, crendice, satanismo e, mais tarde, com desarranjos mentais e emocionais de variada terminologia. A atitude da ciência não seria muito diferente dessa, não por inclinação religiosa de pesquisadores e cientistas, mas porque considera indesejável qualquer envolvimento com o que Freud classificou, em conversa com Jung, de "onda negra do ocultismo".

Não há como deixar de reconhecer que a realidade espiritual vai sendo considerada, a duras penas, como pelo menos digna de exame por alguns cientistas dispostos a enfrentarem a generalizada rejeição predominante nos círculos da erudição internacional.

Em conversa com o dr. Wood, em 1º de janeiro de 1935, Lady Nona traçou o perfil de um médium satisfatório, a seu ver:

– Longe de ser canal passivo e letárgico – ensina –, o médium dedicado deve ser um trabalhador ativo. Suas faculdades devem estar integralmente à nossa disposição, espontâneas e prontas a servir. Para nossos propósitos, todos os médiuns devem oferecer as seguintes condições:

1. Boa saúde: constituição sadia, a fim de assegurar um corpo perfeito.
2. Mente saudavelmente equilibrada; o que, por estranho que pareça, não é antagônico à condição do item seguinte.
3. Um sistema nervoso altamente sensível e vibrante.
4. Atitude mental alertada: mente ágil que tenha condições de receber e transmitir impressões rapidamente e com facilidade.
5. Profunda natureza espiritual.

Após algumas reflexões a mais, a entidade acrescenta:

– As energias que se irradiam de Rosemary são de tal claridade e poder que podemos responder a elas com facilidade e é assim que trabalho com ela. Tais forças somente operam quando nós (os guias) deliberadamente abrimos a porta, do nosso lado, também. O contato deve ser realizado de ambos os lados, mais especialmente, do nosso lado, pois lembre-se de que o nosso é o lado que dá. O de vocês é o lado receptivo.

Outra entidade que se identificava simplesmente como Tiberius (nada a ver com o imperador romano com esse nome), referiu-se à sintonia fina da sensibilidade de Rosemary da seguinte maneira:

– Se desenvolvermos o lado espiritual da mediunidade, o corpo espiritual torna-se tão etéreo que chega a doer, tal como acontece conosco, quando nos aproximamos do vosso mundo.

Em outra oportunidade, Lady Nona refere-se à delicadeza do temperamento de Rosemary, razão pela qual fora escolhida para a tarefa. "Foi um longo treinamento" – acrescenta –, "anos e anos deste lado e uns poucos anos do lado de vocês. Isso foi planejado antes que ela viesse para a terra".

Como se percebe, é pouco o que se pode oferecer acerca de Rosemary, ou seja, de Ivy Beaumont. Temos de respeitar as medidas de proteção com as quais o dr. Wood a envolveu, acertadamente, a meu ver, a fim de poupá-la de dissabores maiores aos quais certamente estaria exposta se as baterias da publicidade se assestassem sobre ela. Isto sem contar, naturalmente, o risco de perturbar-lhe o exercício de sua mediunidade ou inibi-lo de todo, o que seria desastroso para o nobre projeto em que se envolveram essas pessoas.

Sobre o funcionamento das faculdades mediúnicas de Rosemary temos um pouco mais de informação, especialmente no que toca à sua identificação como Vola, a jovem de origem síria que se tornara amiga e confidente de Lady Nona, ao tempo em que esta viveu como uma das esposas do faraó Amenófis III.

Estamos lembrados de que as tarefas do grupo mediúnico começaram com manifestações ainda mal definidas em Rosemary, e que a tomaram de surpresa, em estado de completo desconhecimento acerca do que significava aquilo. Ao mesmo tempo que ignora o fenômeno e a mediunidade em si, bem como suas estruturas e complexidades, Rosemary revela-se, em curto espaço de tempo, uma sensitiva 'pronta e acabada', em perfeitas condições de trabalho. Se tivesse sido encaminhada para algum grupo maior, talvez se perdesse a oportunidade de realizar a tarefa para a qual estava programada.

Logo em seguida às manifestações preliminares que denunciavam nela uma mediunidade aflorante, ela demonstrou condições adequadas para a psicografia (escrita) e para a psicofonia, também conhecida como mediunidade 'de incorporação' e que os ingleses preferem denominar *trance mediumship*, mediunidade de transe. Mas não apenas isso. Em numerosas oportunidades, ela conseguiu que seu próprio espírito se manifestasse, regredido ao contexto em que viveu como Vola, durante a remota existência egípcia. Na terminologia adotada, o fenômeno é conhecido como anímico, ou seja, trata-se de manifestação do próprio espírito do sensitivo (anima = alma) e não de outra qualquer entidade que se utilize de suas faculdades para falar ou escrever.

O mergulho na antiga personalidade, que, entre outras, compunha sua individualidade, era tão profundo, nessas ocasiões, que lhe restituía todo o brilho, a cor e as emoções das antigas vivências, como se ela, de fato, estivesse lá outra vez, em lugar de estar apenas se recordando do passado distante. Numa dessas oportunidades, ao despertar, de volta ao corpo, à vida e ao contexto de Rosemary, ou melhor, de Ivy Beaumont, ela abriu os olhos, fitou o dr. Wood e formulou a pergunta que era quase um lamento:

– Por que temos de voltar a esta vida? A vida no templo tinha uma gloriosa pompa, cores encantadoras, o doce perfume de óleo e flores.

A profundidade do transe podia até ser estimada pela maneira de expressar-se da médium. Em transe mais leve, ela dialogava em inglês, mas, quando mais envolvida, somente respondia em egípcio.

Tive uma experiência pessoal semelhante a essa. O sensitivo, regredido a uma remota existência no Egito, falava comigo na sua língua, mas entendia perfeitamente minhas perguntas e observações formuladas em português. O que demonstra que a comunicação ocorre em nível no qual não é a palavra que serve de veículo ao pensamento, mas o pensamento puro se transmite, sendo a palavra apenas a 'vestimenta', o código de comunicação (comunicar = tornar comum).

No já mencionado diálogo de 1º de janeiro de 1935, Lady Nona assegurou ao dr. Wood que há muito perdera o hábito de usar a linguagem como instrumento de comunicação, recorrendo a "processo mental que você não entenderia", disse. É correto isso. A informação de que dispomos nos textos doutrinários é a de que "a linguagem dos espíritos é o pensamento". Para que a comunicação se verifique, porém, no caso em que o fenômeno da xenoglossia (língua estranha) é vital ao trabalho que está sendo realizado, como foi o caso Nona, o médium precisa dispor de certas condições.

– A ponte sobre a qual transitam os testes de linguagem – ensina Lady Nona, em comunicação de 24-3-1934[98] – não foi construída apenas por mim. Dependeu também de certa percepção da parte da consciência externa de Rosemary – você diria ser sua consciência interna, mas eu chamo assim porque está mais perto de mim, e mais longe de você.

Pelo que se depreende desse texto algo enigmático, a entidade Lady Nona trabalhava no âmbito do inconsciente da médium, enquanto a atividade consciente desta, no corpo físico, estivesse desativada. No inconsciente, como depósito de todas as memórias de existências anteriores, Lady Nona encontrava o 'local' onde estavam registrados os códigos de comunicação da antiga língua que ambas falaram, a entidade e a médium, como Telika e Vola, ao tempo de 18ª dinastia.

Quando, mais tarde, Rosemary começou a falar egípcio por sua própria conta, Lady Nona comentou com o dr. Wood que era de esperar-se que assim acontecesse mesmo, dado que, "de início, as lembranças dela foram despertadas em consequência do contato comigo (Nona); em segundo lugar, porque, ao falar por seu intermédio, suscitei nela o conhecimento latente que ela própria guardava na mente de sua consciência mais ampla". A entidade refere-se, aqui, pelo que depreendo, à memoria integral da individualidade, como soma de todas as personalidades que tenha vivido na carne, em diferentes períodos.

Da mesma forma que suscitou na sua médium o esquecido conhecimento da língua egípcia, Lady Nona valia-se do conhecimento de inglês de Rosemary para expressar seus pensamentos nessa língua. Em outras palavras, ela como que 'entregava' seus pensamentos à médium, que os 'vestia' em termos da língua inglesa. Como nesse processo de transliteração sempre se perde algo em clareza ou objetividade, às vezes Lady Nona preferia aprofundar o estado de transe de Rosemary, a fim de poder expressar-se em egípcio, língua com a qual estava, naquele momento, mais familiarizada.

Em outra ocasião, a 13 de março de 1935, depois de uma bem sucedida tentativa de transmitir vinte frases e expressões em egípcio, Nona tentou passar também um texto escrito, suscitando na mente da médium o desenho dos hieróglifos. Para isso, Rosemary teve de se entregar a um estado bem mais avançado de relaxamento. Isto confirma e ilustra observações que documentei em meu livro intitulado *Diversidade dos Carismas – teoria e prática* da mediunidade, no módulo em que procuro entender melhor o problema do relaxamento, da chamada 'passividade' e da 'concentração', tão exigidas dos médiuns. No meu entender, o que induz maior facilidade no processo de comunicação não é a disputada concentração, mas, ao contrário, a desconcentração, ou seja, o mais avançado estado de relaxamento possível.

– Qualquer tentativa da parte dela (Rosemary) de imaginar ou completar uma frase a meio caminho bloqueava a recepção por clariaudiência, escreve o dr. Wood.[99]

– A palavra vinha mais facilmente aos seus lábios – continua ele –, quando ela "não tentava pensar qual seria; ou, melhor ainda, não pensava em absolutamente nada".

Por essa e tantas outras razões, o dr. Wood tinha consciência de que o projeto levado a termo no seu pequeno grupo não se resumia em apenas resgatar a língua egípcia falada, no silêncio dos milênios, mas em demonstrar com isso conceito muito mais amplo, urgente e necessário como o da realidade espiritual e todas as suas consequências e implicações culturais, históricas, religiosas, científicas e, no caso, um conhecimento mais amplo do próprio mecanismo de intercâmbio entre vivos e mortos.

14 Rosemary 'vai' ao Egito e o 'onde' se transforma em 'quando'

Seria difícil dizer quando Rosemary começou a ter acesso às suas próprias memórias como Vola. O dr. Wood supõe que isso possa ter ocorrido logo que ela passou a sentir-se mais à vontade no exercício da mediunidade, provavelmente ainda em 1931.

Em 17 de outubro de 1931 a médium 'viu' claramente Telika, como se estivesse de volta, ao vivo, no antigo Egito. A rainha estava, segundo ela...

– ... sentada numa cadeira alta, de braços, espaldar quadrado, colocada sobre um estrado de três degraus. De repente, ela se pôs de pé, encolerizada, levantou um objeto acima da cabeça e atirou-o ao chão.

O dr. Wood supõe que Nona nem se lembrasse mais do incidente. Fora um momento de cólera da rainha que certamente deixara profunda impressão em Vola, que se assustara com o gesto temperamental.

Em 6 de junho de 1933, novo fragmento de lembrança, como o anterior, também acoplado a intensas emoções experimentadas. Fora um momento de tensão e medo.

– Havia um mau cheiro terrível lá para o lado do rio, naquele dia! – exclama Rosemary, falando como Vola. Será que a noite nunca vai chegar? Olhos, olhos espionando por toda parte! Não vá! Não vá!

Ao dizer isso, mergulhada em profundo transe, Rosemary tinha a cabeça pousada sobre os braços dobrados sobre a mesa e chorava amargamente ao reviver os terrores e as incertezas daquele longo dia, há longos séculos. Posteriormente, o dr. Wood queixou-se a Lady Nona:

– Não foi minha a demonstração. Ela surgiu da memória da médium. – justificou-se a entidade.

Em seguida, dirigindo-se diretamente a Rosemary, continuou:

– Você pode bloquear todas essas lembranças do passado, se quiser, pois é dona de sua própria vontade, Rosemary! Uma vez suscitadas, as memórias poderão surgir a qualquer tempo, e isso você terá de suportar, ou, então, fechar deliberadamente o acesso ao passado.

Dá para sentir até a imperiosa vontade e a autoridade da rainha por trás dessas palavras, um tanto severas. A antiga Telika não mudara muito em mais de três mil anos; continuava sendo uma mulher temperamental e autoritária. Algum tempo depois, em 1934, Vola fez outra observação:

– Nona era uma alma turbulenta, mesmo naquela época – informou. Parecia mais homem do que mulher. Ela conversava com pessoas que seguiam a nova religião. Os sacerdotes temiam o poder que ela exercia sobre o faraó, pois era considerável sua influência.

O depoimento traz consigo um clima de autenticidade e é revelador quanto ao temperamento altivo da princesa babilônica que viera da sua terra para ser rainha, mas que, segundo Vola, não gostava dos egípcios.

Em outro flash de lembrança, ocorrido em maio de 1936, Vola repete o retrato falado de Telika, confirma alguns traços marcantes e acrescenta retoques significativos. Novamente lembra o temperamento algo masculino de Telika, sua "personalidade forte".

– Nona odiava a etiqueta da corte e, por isso, era odiada pela rainha (Tiy), que a temia. Tudo na corte era formal. Tinha-se de ser servido pelos escravos, ficar de pé desta maneira, sentar-se daquela outra. Nona detestava tudo isso, e a influência dela junto do faraó era temida pela rainha e pelos sacerdotes.

As vezes os sensores da memória mergulham em momentos aparentemente irrelevantes, tranquilos, de paz, quase idílicos, como este, no qual Vola não apenas se recorda, mas 'está lá', o que se identifica pelo uso dos verbos no presente do indicativo:

– Estou sentada à beira de uma fonte, com os dedos na água. Quando toco os peixes, tento agarrá-los e digo: Yiti! Yiti! Di hir! Di hir!

Em seguida, ela acrescenta:

– Este é o jardim interno do palácio do faraó. Os escravos passam de um lado para outro, carregando coisas. Minhas pernas estão descobertas e estou escassamente vestida com uma só peça e de sandálias aos pés. O jardim era irrigado por canais que vinham do rio.

O palácio, segundo um desses flashes de memória remota em maio de 1934, era:

– ... um enorme conjunto de construções, como uma grande praça. Havia edifícios para os oficiais e funcionários da corte. Havia um jardim no teto, com lindas flores e degraus para se chegar lá. E também uma espécie de toldo listado (chapéu de palha), usado para se proteger do sol. Havia uma parede por toda a volta feita de um material argiloso duro como cimento.

Em setembro de 1934, ela descreve meticulosamente como está vestida e enfeitada:

– Meus braços estão descobertos até os ombros. Estou usando um vestido de musselina de cor pálida, cruzado, preguedado e apertado sobre o peito, uma beleza! Uso também uma peça íntima reta, do pescoço até os pés, bem apertada ao corpo. A peça externa é dobrada e pende da cintura, à frente. Estou de sandálias e braceletes, e um largo colar achatado, dos ombros até a garganta; também uma curiosa touca, como um halo em torno da testa, presa horizontalmente com outra fita que vem de trás e passa por cima da cabeça. Meus cabelos são espessos, não crespos e caem sobre os ombros. Há uns discos pendurados às pontas da touca. Muito encantador o efeito, ainda que artificial. Sobrancelhas pintadas, lábios cheios e olhos também pintados. Sinto-me eu mesma.

Diz algumas palavras em egípcio, caminha pelo cômodo, sob intensa carga emocional e acrescenta:

– Se tivéssemos em nós a semente do que temos sido, seríamos – sob condições adequadas – capazes de suscitá-las novamente. Sou tão Vola como Rosemary; bem como toda aquela gente. Se você se sintonizar e puder reunir as diversas peças, pode montar o todo.

Conforme explica o dr. Wood, com a expressão "toda aquela gente" Rosemary/Vola refere-se a outras encarnações vividas por ela e que (infelizmente) não são mencionadas nos livros do autor.

Há, contudo, uma passagem realmente antológica, na qual, de volta ao Egito antigo, numa fantástica viagem ao passado, Rosemary transmite suas impressões ao dr. Wood. O trecho é longo, mas imperdível. Cortá-lo seria verdadeira mutilação. Mais uma vez a sensitiva mergulha no tempo. Ela não se recorda, ela está, realmente, lá, naquela interseção cósmica, na qual, no dizer de A grande síntese, o onde se transforma em quando. Ouçamo-la, a falar de Tebas, a capital do Império.

Ruas quentes e atravancadas de gente: o calor, o cheiro das pessoas, dos animais e de mercadorias de toda espécie. Aos esbarrões pelas estreitas ruas, circulam camelos, burros e bois; ruídos de todos os tipos, incluindo o tilintar das campainhas, o ranger dos arreios dos animais, o ruge-ruge das cobertas ao lombo dos camelos, o balanço e o estalo das pequenas tendas às costas dos animais, nas quais as pessoas viajam; as moscas, os insetos, a poeira e o ar sufocante!

Há uma gigantesca feira livre nesta cidade, às vezes cheia de caravanas vindas de países vizinhos. Toda espécie de mercadoria tem seu lugar certo na feira: cabritos, burros, camelos, escravos, especiarias, gente que faz sandálias, vendedores de perfumes. Há barracas onde bolos esquisitos são feitos e assados em pequenas grelhas de ferro e comidos com alguma bebida em grandes canecos redondos, cerâmica de algum tipo. Há homens de aparência estranha sentados ao chão, de pernas cruzadas, fazendo adivinhações na areia, com pequenas varetas. Estão rodeados de árabes com mantos aos ombros para protegê-los do sol causticante.

Ao longe, vejo uma comprida fila de casas baixas feitas de argila branca. As janelas do pavimento superior estão fechadas e vedadas por postigos. Das lojas, no piso inferior, projetam-se toldos frescos de pano listado para cobrir a passagem e proteger os compradores dos raios solares. Sob esses toldos, à medida em que você caminha, existem espaços abertos e uma porta baixa que leva ao interior das lojas. Há, por ali, coisas caras, de todos os tipos, e vendedores de contas, fazedores de leques e abanos, ourives e joalheiros. Há, também, o que corresponderia a um moderno salão de beleza, onde se vende de tudo para fazer alguém tornar-se bonito, segundo eles. Os homens, tanto quanto as mulheres, pintavam os rostos naquele tempo!

Adoro estar aqui. Não que seja um lugar seguro, mas, naturalmente, não estou só. Adoro esta excitação, as cores e todas essas coisas bonitas. Há um homem com alguns lindos filhotes preto-e-branco de cabra para vender. Os carneiros têm, todos eles, a lã bem crespa e parecem maiores do que os nossos. Há também alguns de cor preta. Esta cidade fica onde o templo foi descrito há algum tempo. O faraó tinha um palácio e vivia aqui.

Esse texto, que o dr. Wood colheu na hora, por taquigrafia, é o testemunho de quem tem tudo ali, ao vivo, diante de si: as cores, os cheiros, os ruídos, o calor, as pessoas, os animais. A narradora participa de tudo, fala no presente do indicativo, de volta àquele fascinante contexto, que parece ainda estar mais vivo do que nunca, com todo o impacto na sensibilidade da bela princesa estrangeira, que vivera sempre ao abrigo de exposições como essa, à crua realidade da vida 'lá fora'. É notável seu poder verbal, ao transmitir, por cima de mais de três milênios, toda a vibração das emoções experimentadas na enorme e agitada feira-livre, naquele remoto dia, sob o sol abrasador do Egito. Nota-se, ainda, que, apesar de 'estar lá' em total regressão de memória, ela usa, com extraordinária propriedade e competência, a língua inglesa, ao mesmo tempo em que pode estabelecer comparações avaliadoras com a sua realidade atual na sofisticada Londres do século XX. Esse curioso fenômeno de anacronismo demonstra, também ao vivo, a realidade do que ela ainda há pouco afirmava ao sentir-se tão Vola quanto Rosemary e todas as demais 'pessoas' que já fora, em cada uma de suas vidas passadas. Ela percebe que os carneiros que "está vendo ali" parecem maiores do que aqueles que ela conhece na Inglaterra; nota, com uma pontinha de espantada ironia, que os homens também pintam o rosto e que o padrão de beleza, ali, difere bastante do que seria o da Londres de Rosemary. É, enfim, uma experiência inesquecível! Por mais que o pesquisador decifre textos antigos e estude remotos hábitos e costumes, jamais poderia produzir uma descrição tão viva e realista como o relato simples e ao mesmo tempo dramático da sensitiva inglesa, de volta à sua encarnação como Vola.

Como Rosemary tem consciência de que Nona também fala por seu intermédio, ela marcou bem sua posição, em 7 de outubro de 1932, ao declarar, enfaticamente:

Quem fala aqui sou eu, e não Nona. Vejo um panorama que se estende ao longo da margem do rio. Os edifícios parecem muito juntos; há uma confusa mistura de tetos, mas a maioria dos prédios é de pedra branca. Há muita cor e dourados nas cúpulas e nos tetos, alguns dos quais são planos, ao passo que outros têm formas fantásticas. Há degraus por toda parte, e edifícios com escadas na entrada.

Segue-se outra das suas notáveis 'reportagens', que a sua palavra ilustra com precisão quase gráfica.

Por toda margem do rio, há centenas de pessoas com vestimentas coloridas, sentadas nos degraus das escadas. Há curiosos barcos no rio, mais parecidos com barcos a remo, mas com mastros e uma grande vela de forma curiosa. Essas velas são de cores parda e açafrão.

Ao longe, no rio – que é bem largo aqui –, há uma enorme embarcação com muitos remos ao lado. É luxuosa, pintada de cores alegres, mas sem velas. De pé, atrás de um dossel, está um homem junto a um grande leme. Ele movimenta uma alça para trás e para frente. O barco desce a correnteza assim! [O dr. Wood explica, em separado, que Rosemary demonstra com movimentos dos braços, o doce balanço do barco, um verdadeiro iate daqueles remotos tempos].

Os remos são todos pintados também – um espetáculo maravilhoso! Se subir aqueles degraus – há depressões neles, por terem sido pisados por muitos pés –, você passa a uma espécie de terraço; subindo mais alguns degraus, chegamos a um enorme edifício. Sigo ao longo dele, pois é um templo; dobro a um canto e, então, passo pelos pilares da entrada. O piso é todo marchetado com desenhos coloridos – cerâmicas, como um mosaico romano, mas não de textura tão fina. Estou, agora, fazendo a volta pela frente. Há mais degraus aqui. Eles levam ao terraço mais abaixo. Há, então, um pequeno patamar e, em seguida, outra escada que desce.

Vejo figuras esculpidas na pedra de cor avermelhada (não branca); é do mesmo tipo de pedra usada nos degraus. Estas figuras ficam umas diante das outras, até o fim. São iguais e representam algum curioso animal.

Agora, viro-me e olho a entrada; um grande portal quadrado. De cada lado há uma enorme figura com rosto de homem, mas o corpo é convencional [?], sem os pés. Os rostos são gigantescos, com lábios grossos. As talhas são coloridas por toda a volta desta porta; entalhes muito bem feitos, com hieróglifos egípcios. Agora, entro no vestíbulo. Está muito escuro aqui, mas vejo os raios diretos do sol que penetram pelo teto. O piso é um enorme retângulo, recoberto de pedras polidas formando desenhos. Há muitos pilares de uma curiosa forma de bolha. Cores vivas por toda parte – e nichos também –, amarelo, azul, verde e muito dourado pelas paredes: um efeito brilhante, obtido com um tipo de tinta espessa. Há outra entrada que leva lá dentro, mas não posso ir além deste ponto, pois há uma enorme cortina vedando esta passagem. Estamos no pátio de entrada. Vejo o rio, daqui do templo, pois ele é muito alto. Quem fala aqui sou eu, mas não sou uma pessoa: sou apenas olhos. Essas imagens são colocadas diante de mim, mas agora começam a desaparecer.

Sem desejar desmentir a médium, devo ponderar que a sensação de que ela é apenas olhos, não uma pessoa, e de que as imagens são colocadas diante dela é válida, mas não muito precisa. Se bem que as entidades espirituais que supervisionam seu trabalho podem suscitar nela as imagens a fim de informá-la de algo que ela ignore. O que vemos aí é o relato de situações das quais ela participa, nas quais está integrada, que constituem vivências pessoais dela mesma. Do contrário, estaria sendo vítima de alucinações, ainda que este termo seja altamente impreciso e inadequado para caracterizar o fenômeno da vidência. O termo alucinação tem consigo arraigada conotação de fantasia, ilusão ótica ou sensorial. O que Rosemary contempla, ali, são suas próprias vivências. É como se tomasse aquele videoteipe específico de suas experiências egípcias e o pusesse a 'rodar' em algum dispositivo psíquico que ainda não sabemos ao certo como funciona. O fenômeno da regressão de memória, espontâneo ou provocado por seres encarnados ou desencarnados, distingue-se do fenômeno estritamente mediúnico pelo fato de se caracterizar como anímico, ou seja, manifestação do espírito (encarnado) através de seu próprio corpo físico. Não há, ali, outro espírito a manifestar-se senão o da própria sensitiva, como ela mesma faz questão de assegurar.

A impressão que ela tem de que não é uma pessoa, mas apenas olhos, é explicável dentro desse mesmo quadro. Tanto é uma pessoa, que ela tem consciência do que se passa, observa o fenômeno e o narra com perfeito entendimento, não apenas do que vê, mas confronta os eventos que se desenrolam perante suas percepções com o quadro geral de seus conhecimentos atuais. Em outras palavras, o que aconteceu com ela ao tempo em que foi Vola, no Egito, passa pela avaliação de seus conhecimentos como Rosemary, na Inglaterra contemporânea. Como, no entanto, toda sua instrumentação psíquica está empenhada em fazer as coisas 're-acontecerem', só lhe resta como sensação pessoal consciente a visão, que constitui seu elo de ligação com o que está 're-acontecendo', ou ela não teria como observá-lo para relatar. Daí porque não lhe sobra espaço no psiquismo para, além de tudo, ter consciência de si mesma. Não há a menor dúvida, portanto, de que ela, a entidade Vola/Rosemary, está presente ali. Nada disso, contudo, invalida o seu depoimento; pelo contrário, acrescenta-lhe um testemunho que o valoriza e até o explica melhor.

Os "estranhos animais" com cara de gente que ela viu, formando verdadeira avenida, por onde passava, são as esfinges, conforme seu testemunho em outra oportunidade, que assim ficou relatada:

Em uma de nossas cerimônias, uma vez por ano, a procissão passava pela avenida das esfinges. Descia por um lado e subia pelo outro, junto ao templo. Diante de cada um desses animais de pedra, a procissão parava e tínhamos de tocá-los com ramos de palmeiras. Os animais não eram adorados. A ideia era a de que eles eram consagrados todos os anos como guardiães do templo. O ritual destinava-se a lembrar-lhes essa tarefa e orar para que nenhum mau espírito passasse por eles para entrar no Templo.

O dr. Wood lembra que, pela descrição, parece que Rosemary se refere ao templo de Karnak: a entrada escura, as cores vivas, a enorme cortina a vedar espaços na intimidade do templo, nos quais era proibida a entrada das vestais. O autor acrescenta, ainda, que isso são apenas amostragens das longas e minuciosas narrativas feitas por Rosemary como Vola. Para acolher todas as memórias de Vola/Rosemary seria necessário escrever outro volume. Fico, pois, na minha frustração. Se é que adianta alguma coisa, até me ofereço para escrever esse livro, desde que me passem às mãos o precioso material contido nos "Rosemary Records". Mas que seja logo, porque o tempo urge e, a esta altura, já passei pela esfinge número setenta e dois da minha longa 'avenida' junto do templo...

Não é sem razão que Lady Nona informou ao dr. Wood que há muitos egípcios encarnados por aí, em pleno século vinte...

As lembranças de Rosemary como antiga vestal invadem ainda o capítulo IX de Ancient Egypt speaks, do dr. Frederic Wood. Aqui, como também em *This egyptian miracle*, o autor deu maior ênfase aos cânticos sacros e populares, bem como às danças que Rosemary resgatava do esquecimento. O apurado e bem treinado ouvido do competente musicólogo captava letra e música. Além disso, descrevia os gestos da sensitiva ao reproduzir os complicados movimentos do antigo balé sagrado. A música era logo transposta para a pauta e a letra traduzida posteriormente.

Em 30 de março de 1934, por exemplo, Rosemary canta um fragmento musical e demonstra os movimentos das bailarinas na cerimônia anual do Grande Festival da Inundação, quando as vestais iam à frente da procissão que se dirigia do templo de Karnak até as margens do Nilo.

Aqui também, observamos vivências pessoais, não de quem apenas se lembra, mas que 'está lá', naquele tempo/espaço, o que se identifica, como sempre, pelos verbos no indicativo presente.

É uma longa procissão – conta ela –, as cores vivas e as harpas. As pessoas caminham de costas diante da figura principal, talvez o próprio faraó. Estão cantando e tocando harpas e címbalos, alguns dos quais são seguros pelos dedos. Tenho dois deles em minhas mãos agora, ao passo que outros são maiores. Harpas manuais são tocadas pelas pessoas que andam de costas.

Seu conhecimento limita-se a essas exteriorizações do culto, sem maiores aprofundamentos. Ela sabe, contudo, que "havia sempre uma forte energia psíquica gerada pelo ritmo do culto, o ritual e o incenso. Hoje, as pessoas participam disso no contexto da Igreja. Os sacerdotes tinham seus segredos e o santíssimo era vedado ao olhar do público por pesadas cortinas, sempre fechadas".

Como se pode observar, ela, neste ponto, apenas se recorda, sem 'estar lá'. Os verbos estão no passado e a sensitiva revela-se atenta ao fato de que alguns desses rituais se perpetuaram na tradição das igrejas cristãs, como sabemos. Não apenas os rituais e o incenso, mas o culto às imagens, o conceito da trindade divina e tantos outros.

Competia às vestais, como Vola, observarem rigoroso silêncio. "A não ser no que tocava ao culto" – lembra ela –, "não me lembro de ter falado com ninguém no templo. Minha obrigação consistia em velar pelas luzes e cuidar das vestimentas e das cortinas". Embora lidassem também com alguns vasos sagrados, como informa em outra oportunidade, era-lhes vedado tocar certos objetos e não lhes era permitida a presença em alguns dos ritos.

O mesmo curioso fenômeno de anacronismo pode ser observado quando ela fala das danças e das músicas de seu tempo, no Egito.

Cada frase musical era acompanhada por um movimento – com os dedos dos pés para frente ou para trás –, enquanto os címbalos batiam a cada quatro movimentos. Estou usando uma longa saia apertada e preguada, com uma dobra aqui na frente. Estou também de sandálias. Dançamos em círculo, nós oito.

Sem nenhuma transição aparente, ela prossegue usando os verbos no passado.

Todos os movimentos e posturas eram uma série de ângulos; nenhuma curva era permitida com as mãos. Era um movimento clássico e causava uma sensação deliciosa – tudo muito formal, mas uma cerimônia magnífica. Vejo agora que as danças usadas na ópera Aída estão todas erradas.

Assim vai ela analisando as danças sacras em seus mínimos detalhes de movimento e postura: "Há dois tipos de movimento" – explica alhures:

... um deles fluido e ondular, usado nas procissões, quando tínhamos de caminhar. O outro era empregado quando estávamos paradas. Consistia em um conjunto de movimentos dos braços e do corpo, algo angular; um dos mais graciosos consistia numa torção do corpo, uma espécie de investir para frente. (Como quem vai atacar alguém).

Esses e outros movimentos do fascinante balé sacro eram ilustrados com demonstrações pessoais da sensitiva em transe. Quando acompanhados de alguma canção específica, ela reproduzia letra e música, que o dr. Wood anotava diligentemente.

NONA FALA SOBRE O CRISTO 15

Nas palavras introdutórias ao tema, o dr. Wood menciona o processo de esvaziamento por que passava o que ele caracteriza como "fé cristã", já àquela época, na década de 30, e nós sabemos o quanto o processo tem-se acelerado desde então. Na visão do autor, a generalizada atitude hedonista da humanidade teria contribuído para isso, mas também "a errada ênfase" colocada sobre os bens materiais e os meios egoístas de adquiri-los, comumente aceitos como "boa prática comercial". Também arrolada como uma das causas responsáveis pela decadência da fé é a "expansão do conhecimento científico sem um desenvolvimento espiritual correspondente".[100]

Tem toda razão o dr. Wood na sua avaliação, na qual podemos observar que, embora explicitando motivações que parecem diferentes, ele está falando da mesma coisa, ou seja, do enredamento cada vez mais amplo do ser humano, como entidade espiritual, nas malhas e aparentes confortos e mordomias da matéria. O que nos levaria de volta à obsessiva temática dos gnósticos, embutidos no cristianismo dos primeiros séculos. Para eles, a tônica de toda a pregação ficava posta no esforço da centelha divina alojada no espírito para se desembaraçar da matéria e voltar às suas origens, no seio imenso da divindade, onde "a luz nasce de si mesma". Aproveito para remeter o leitor interessado nesse aspecto particular do problema ao meu livro *O evangelho gnóstico de Tomé* – texto e contexto.

Ainda na palavra do dr. Wood, as Igrejas (ele usa o plural) teriam perdido excelente oportunidade de se recompor com seus adeptos em potencial, tanto quanto com aqueles que as seguem desatentos e pouco convictos, ao deixarem "passar com exclusividade para outras mãos" a poderosa evidência da realidade espiritual que os fenômenos psíquicos são pródigos em demonstrar a cada passo. E aqui também está certo o dr. Wood, ainda mais que o modelo de civilização com que sonha a doutrina cristã pura exigiria entendimento e colaboração e não hostilidade entre os grupos que aceitam e trabalham com essa realidade psíquica e os ditos ortodoxos. Estes preferem ignorar tal realidade, quando, em verdade, têm ambas as correntes um inimigo comum no materialismo.

Lembra mais o autor que importantes e ignorados aspectos do cristianismo primitivo vêm sendo recuperados em trabalhos mediúnicos confiáveis, como o de Geraldine Cummins, cujos escritos mereceram a atenção de respeitáveis eruditos da área bíblica. Ao tempo em que o dr. Wood escreveu seus livros, o sensitivo brasileiro Francisco Cândido Xavier apenas iniciava seu trabalho de levantamento histórico-religioso como instrumento da entidade conhecida em nosso meio como Emmanuel. Fora do Brasil, o caminho para prosseguimento e ampliação dessa tarefa continua aberto, mas ainda timidamente explorado, não apenas no vetor religioso da cultura, mas na área ainda mais ampla da historiografia, como estamos vendo neste livro. Lembra o dr. Wood, a propósito disto, que, assim como através da mediunidade de Geraldine Cummins foi obtida uma restauração dos tempos apostólicos e, através de Rosemary, o resgate do egípcio falado, ficamos com exemplos que apontam no sentido de uma utilização inteligente e competente da mediunidade como instrumento de exploração histórica.

Dentro dessa moldura, poderemos colocar agora as observações de Lady Nona sobre o Cristo, a quem ela declara não ter conhecido "na terra". Ainda uma vez, portanto, percebemos que ela fala como se tivesse vivido apenas sua existência no Egito.

E continua:

... mas parece que eu sempre soube dele. O Cristo-Espírito sempre esteve no céu. Não sei de nenhuma época em que o Cristo não tenha existido. Ele sempre foi o elo de ligação entre a terra e Deus. Mesmo nós, deste lado, não o conhecemos por inteiro, pois ele se encontra muito junto de Deus. Podemos, no entanto, visualizar a glória e o poder que vêm dele. Naquela encarnação, ele conseguiu o que nunca mais perderia: a ternura e a capacidade de compreensão das fraquezas humanas. Por esses caminhos, as preces de vocês sempre chegam ao seu grande coração.

Às vezes achamos que o Cristo ainda sangra e que suas feridas nunca cicatrizarão, enquanto os seres humanos estiverem extraviados dos caminhos. Às vezes ficamos a pensar se, quem sabe, ele não terá de repetir seu grande sacrifício. O fato de que as pessoas entendam tão pouco do seu grande amor por elas demonstra até onde ainda é necessário para a raça humana evoluir antes de alcançar o nível espiritual que Deus lhes estabeleceu.

Cristo foi uma tremenda realidade. As verdades e ensinamentos que ele pregou às pessoas de seu tempo são os mesmos que estamos tentando transmitir agora. Se a mentalidade das pessoas que o cercavam fosse diferente, os resultados teriam sido outros. Mas elas estavam, em sua maioria, interessadas apenas nos fenômenos psíquicos.

Não podemos abandonar nossos planos simplesmente para trabalhar com aqueles cujos propósitos não vão além da mera fenomenologia. Nosso apelo se dirige, antes, ao intelecto e àqueles que sinceramente desejam prosseguir no rumo das coisas mais elevadas.

Tenho fé no futuro. Nossos planos também foram cuidadosamente elaborados e aqueles que nos sustentam são poderosos demais para que esses planos não tenham sucesso, por mais que sejam retardados.

Neste, como em outros pronunciamentos de Lady Nona, dificilmente poderíamos concordar com tudo quanto ela opina acerca do Cristo, mas é evidente que ela o trata com respeito e admiração. Por outro lado, ela parece considerar que o plano a que se refere tem por objetivo promover uma espécie de reforma religiosa, que poderá até chocar e perturbar muita gente ainda aferrada às suas crenças pessoais, "por não terem condição de entender que a palavra de Deus e os ensinamentos de Jesus são conceitos de vida e, por mais que se procure soterrá-los com crenças e rituais, a força vital encontrará seu caminho, através das diversas camadas, de volta à luz".

Como percebe o leitor, Lady Nona entende que o Cristo somente teria adquirido seus dons de "ternura e a capacidade de compreensão das fraquezas humanas" na sua existência como Jesus. Lamento discordar. Não fosse ele dotado dessas faculdades não teria tido condições de vir pessoalmente à terra para realizar sua tarefa entre nós. Ele não veio aqui para aprender, mas para ensinar.

Não parece que Nona esteja bem certa de que Jesus haja pregado a doutrina da reencarnação, dado que, no dizer do dr. Wood, "os Evangelhos constituem documentos muito incompletos e imperfeitos de sua vida e sua obra". Isso é verdade, mas entidades como Lady Nona criam expectativas de conhecimento que, afinal de contas, não se concretizam, de vez que ela parece pouco familiarizada com o assunto. "Nona pensa" – escreve Wood[101] – "que ele realmente ensinou a doutrina da reencarnação, ao falar sobre nascer de novo". Ainda no dizer do autor, ela não se considera privilegiada pelo conhecimento acerca da vida de Jesus, mas entende que "um Mestre desse porte não poderia deixar de conhecer (e ensinar) tal aspecto da verdade".

A seguir, detectamos, em mais um pronunciamento, uma avaliação de Nona que, pelo menos de minha parte, considero inaceitável.

– Ele foi um grande Mestre que conhecia as verdades eternas, as mesmas então e hoje. Emprestou sua própria força e crença às pessoas que o cercavam. Ele não tinha ideia de que sua influência se difundiria por todo o mundo, ou que ele próprio seria divinizado, como também que sua crucificação seria glorificada. (Destaque meu)

É inconcebível que um ser da estatura evolutiva de Jesus, que vem para o mundo no cumprimento de tão importante missão, tenha sido surpreendido com o grau de influência que seus ensinamentos exerceram por toda parte.

A despeito dessas avaliações questionáveis, contudo, é evidente que Lady Nona tem consciência da grandeza do Mestre. Numa das suas observações, nessa mesma oportunidade, ela se pronuncia sobre Jesus, considerando-o, como no contexto do espiritismo doutrinário, "a maior alma que jamais tenha estado em contato com a terra..."

Seja como for, a impressão que me fica é a de que Lady Nona não demonstra grande familiaridade com a vida e os ensinamentos de Jesus. O que não acontece com outras entidades que compõem a equipe espiritual da qual ela também faz parte.

Uma delas, que o dr. Wood não identifica nominalmente, produz uma comunicação digna de exame e meditação, e que reproduziremos a seguir. Antes, contudo, uma curiosa e preciosa informação do autor: essa entidade não identificada manifestou-se através de Nona, usando-a como intermediária. Aliás, em diversas passagens dos livros de Wood, encontramos referências a essa atividade de Nona, no mundo espiritual, como médium de outras entidades, o que, evidentemente, em nada desmerece sua condição espiritual, mas permite-nos formular a hipótese de que talvez ela tenha funcionado nessa condição no desenrolar do projeto histórico-linguístico de que o grupo se incumbiu ou, pelo menos, durante parte dele. Alguma coisa que, porventura, não esteja em perfeita sintonia com o pensamento das entidades mais elevadas responsáveis pelo trabalho poderia, nesse caso, ser atribuída à própria Lady Nona, como seus hesitantes pronunciamentos sobre a reencarnação ou suas incertezas a respeito da imortalidade. Isto nos autorizaria, ainda, a imaginar que o pouco ou nenhum interesse de Lady Nona pelas suas demais existências terrenas teria sido uma espécie de recurso utilizado para mantê-la concentrada na reencarnação egípcia, condição vital ao bom andamento da tarefa que lhe foi atribuída no grupo.

Vamos, pois, ao texto da entidade a que se refere o dr. Wood.

Ao tempo do Cristo, as pessoas que o escutavam pertenciam às muitas nacionalidades que então habitavam a Palestina. Além dos judeus e dos romanos, lá estavam os povos subsidiários que viviam em torno e entre essas duas raças fortes. Mesmo então, a robusta independência dos israelitas confrontava-se com a tirania dos conquistadores romanos. Ainda que oprimidos por impostos e pelas piores degradações, a inabalável fé que eles tinham na vinda do Messias sustentava-os contra inúmeros inimigos.

Não é de admirar-se, pois, que a recepção que o Cristo experimentou por parte da população tenha sido fria e distante. Eles tinham em mente a maravilhosa concepção de um poderoso Filho de Javé, dotado de grande honra e poder, e apoiado por tremendos exércitos, que viria para varrer do solo pátrio todos os povos de outras raças, pois eles odiavam os estrangeiros. Por isso, oravam nas sinagogas, e os sacerdotes conservavam acesa a chama furiosa do ódio até que isto se tornou quase uma religião fanática.

Podem vocês imaginar, então, como soavam estranhos aos ouvidos daquela gente os ensinamentos sempre tão suaves do Cristo? Ele nasceu e foi criado como judeu somente porque seus pais eram judeus. No seu coração, ele era o ser universal para todos ouvirem, amarem e seguirem.

Quando ele viu em torno de si o triste estado de sua religião, infestada de sacerdotes, compreendeu que a única maneira de ajudar o povo consistia em amá-lo com um amor tão grande que pudesse penetrar até as almas daqueles religiosos tradicionais de casca dura. Eis porque o Cristo nunca pregou qualquer doutrina social. Ele ensinava ao povo de que maneira Deus os amava. O amor em tudo e por meio de tudo era a sua religião.

Nunca imaginem, contudo, que sua personalidade fosse algo senão imensamente forte e dominadora. Era a brandura do poder supremo; a sublime e gentil condescendência de uma alma elevada pelos fracos e obstinados.

Nada de fraqueza havia nele, nada da estranha condição da suavidade quase feminina que lhe atribuiriam. Ele foi sempre um grande espírito, no qual a chama da divindade jamais deixou de brilhar.

Fisicamente, era alto e de aparência muito nobre. Sua postura era soberana e a voz, firme e forte. Falava quase sempre devagar e sem enfatizar o que dizia. Sua aparência era suficiente para marcá-lo entre as criaturas, como um rei.

Ele amava as belezas naturais do mundo, mas, especialmente, as elevadas montanhas.

Não havia amor terreno, nos termos em que o imaginamos, em sua vida algo solitária. Mesmo quanto à sua própria mãe, seu amor era mais o de uma elevada alma por um espírito mais fraco. Quanto ao amor pela mulher, como tal, nem pensar. Ele não amou nenhuma delas, exceto como as demais pessoas do seu próprio rebanho, e todas as criaturas, afinal.

O Cristo doou toda a sua vida, todos os seus pensamentos, todas as suas esperanças para construção do alicerce desse espírito universal do amor a fim de que todos pudessem compreender que esta era a única base sadia sobre a qual construir suas vidas ou formar as comunidades.

Em tudo ele foi um idealista, mas um idealista muito prático. Era sua firme crença que, se todo o mundo pudesse ser levado a um estado de amor, nos seus mais belos aspectos, o mundo estaria redimido e se tornaria um céu. Ele acreditava numa postura de compreensão e tolerância.

Sem dúvida alguma, um belo retrato falado do Cristo e uma correta exposição de alguns dos seus generosos ideais, da parte de quem tem por ele respeito, amor e compreensão, ainda que não possamos concordar com tudo quanto diz a entidade.

Lê-se, no capítulo XI – "The truth of life" (A verdade da vida), o último, aliás, de Ancient Egypt speaks, que, em diferentes ocasiões e a pedido da própria entidade, Lady Nona comunicou-se com o dr. Wood através de outros médiuns. Numa dessas oportunidades, no outono de 1935, a medianeira escolhida foi Naomi Bacon, indicada por uma instituição da confiança de Wood. A sessão então realizada é típica do procedimento tradicional do espiritualismo britânico e, de certa forma, também do americano. A médium é previamente agendada e os honorários devidamente combinados. No dia e hora aprazados, ela se senta com os visitantes – daí as expressões 'sitters' para as pessoas que a consultam e 'sitting' para caracterizar a sessão – e logo se incorpora o guia espiritual, ou 'control', segundo a terminologia adotada. Mal começada a reunião, o control da médium anunciou que estava presente uma "imponente senhora egípcia" que "havia já alcançado a perfeição evolutiva na terra, mas que acompanhava esta moça (Rosemary) na terra, como guia". Rosemary teria sido membro da casa real, mas não da família. Fora uma bailarina e cantora, e usava véu, mas o véu que trazia agora era de natureza psíquica e se destinava a "evitar que ela tivesse acesso a um conhecimento amplo demais acerca de si mesma". A encarnação como Rosemary, informava ainda o guia da srta. Bacon, seria a última; daí por diante, ela estaria livre das "lutas da carne". Além do conhecimento perdido que ajudara a recuperar, ela trouxera também a "Verdade da Vida e o conhecimento da vida prolongada", expressão esta com a qual, uma vez mais, se contorna, no meu entender, o conceito da imortalidade. Muita coisa estava sendo revelada através dela.

Em seguida, o guia se dirige ao dr. Wood: "Esta senhora" – diz – "é a incorporação de uma grande teoria e você decidiu prová-la". E, mais adiante:

Vocês dois estão ligados ao Mestre Jesus, que se encontra, no momento, muito chegado aos seus iniciados. Vocês não são da terra, de forma alguma, pois a vida real de vocês se passa nas esferas. Foi-lhes mostrada, no céu, a Pérola de Elevado Preço e vocês erguerão até a Verdade muita gente de sentido embotado.

Confesso-me um tanto desconfortável com revelações desse tipo, enfeitadas de letras maiúsculas e até evitei algumas, na tradução. A despeito disso, o dr. Wood manifesta-se em dúvida sobre o que desejariam os espíritos manifestados dizer com a expressão "Verdade da Vida". Seria a sobrevivência? Ou a reencarnação? Ou, ainda, a evolução?

Depreendo do texto[102] que o dr. Wood considera a "Verdade da Vida" um conjunto de conceitos que incluiriam não apenas os ensinamentos de Jesus, como a reencarnação, a sobrevivência e a evolução. E se pergunta ele até que ponto os egípcios antigos sabiam disso. Fica implícito no texto – pelo menos é o que depreendo – que o trabalho do grupo, constituído de pessoas tão chegadas ao Cristo, teria sido uma espécie de complementação aos ensinamentos de Jesus, quando, em realidade, aqueles conceitos são da essência mesma da pregação documentada nos Evangelhos e não ficaram para ser acrescentados posteriormente, como se é levado a crer.

O leitor porventura interessado neste aspecto particular da questão deverá recorrer ao meu livro *Cristianismo – a mensagem esquecida*, no qual ela é debatida com maior vagar e amplitude.

Insistindo que falo apenas por mim, expressando mera opinião pessoal e com a ressalva do meu respeito por todas as pessoas e entidades envolvidas no projeto Nona, o valioso trabalho realizado no grupo seria, no máximo, uma reiteração ou repetição de certos aspectos da doutrina de Jesus, não uma reformulação ou complementação dela.

Por outro lado, ponho sempre um olho crítico em revelações sobre tais "últimas encarnações", que colocam as pessoas como seres redimidos, participando, já "em vida", de cortes celestes. É sempre saudável, nestes casos, uma atitude de reserva. Um dia chegará para cada um de nós esse momento supremo da última encarnação, mas acho que nem o próprio ficará sabendo e, se o soubesse, não iria proclamá-la por toda parte.

16 A REVELAÇÃO LINGUÍSTICA E A REALIDADE ESPIRITUAL – 1

Em mais de uma oportunidade, podemos observar, nas falas e textos de Lady Nona, sua convicção de que o objetivo básico de seu trabalho não era o de dar o histórico testemunho de como era falada a língua do Egito antigo, e sim o de demonstrar, com um caso concreto e incontroverso, a realidade espiritual subjacente. Em This egyptian miracle,[103] encontramos a seguinte declaração da entidade, em 6 de julho de 1935:

O nosso círculo tomou forma e foi cuidadosamente estruturado não para promover aquilo a que vocês chamam um artifício ou truque, mas visando à evolução espiritual. Foi tudo cuidadosamente pensado antes de começarmos. Mais provas de convicção existem no egípcio falado do que nos hieróglifos escritos. Seja como for, eu não sabia escrever com os hieróglifos, mas, mesmo que soubesse, isto não teria a mesma força como prova da sobrevivência do que o egípcio falado tem tido. Isto jamais havia sido feito anteriormente. Tentamos algo de que ninguém pudesse dizer ter sido copiado de algum livro ou recebido por telepatia: algo que ninguém pudesse contestar.

O dr. Wood mostra-se consciente desses aspectos desde a elaboração do primeiro livro da sua trilogia, ou seja, *After thirty centuries*, no qual escreve[104] para esclarecer que os "testes linguísticos" não constituíam objetivo principal do grupo. E acrescenta: "Eles foram planejados e executados com propósito mais profundo". O testemunho sobre a identidade dos seres envolvidos no projeto deveria chamar a atenção de "todas as mentes razoáveis". Mesmo assim, seriam "meras preliminares ao trabalho real que se estava tentando".

– A natureza desse trabalho – prossegue – pode ser exposta, em poucas palavras, como um esforço em ajudar homens e mulheres da atual geração a considerarem a longa história e a evolução da alma humana...

A certa altura, um clérigo residente no sul da Inglaterra escreveu ao dr. Wood, perguntando por que razão Lady Nona havia esperado 3.300 anos para dar seu testemunho. A pergunta é um tanto ingênua e revela o despreparo do questionador, mas ensejou a Nona oportunidade para esclarecer melhor a postura dos espíritos no problema. Comentou ela com o dr. Wood:

Diga-lhe que durante os últimos cem anos, mais ou menos, tem havido e ainda há uma coordenada tentativa de nossa parte no sentido de passar para aí as verdades acerca da imortalidade e o fato de que a personalidade pode persistir por todo o tempo, bem como retirar da mente das pessoas as falsas ideias nelas colocadas pelo materialismo. O prolema tem sido abordado de tantas maneiras quantas possíveis e, ao mesmo tempo, com a finalidade de levar a convicção ao maior número possível de pessoas.

Mesmo nesse texto, contudo, no qual procura explicitar os objetivos mais amplos da tarefa coletiva assumida pelos espíritos, a entidade se refere apenas à imortalidade, mesmo assim, com o comentário adicional que resulta num enfraquecimento de sua própria afirmativa, ao declarar que a personalidade humana "pode persistir por todo o tempo", após a morte do corpo físico. Por que a ideia de possibilidade? Para eliminar dúvidas quanto à tradução, reproduzo o texto inglês, onde isso está escrito: ..."the fact that personality may persist through all time"...

Continua Nona:

Sou uma entre centenas de outros que estão agora estabelecendo esse contato. Meu trabalho específico visa a dois objetivos. Tinha de provar a persistência da personalidade e transmitir ensinamentos que poderiam ser úteis, numa época em que as pessoas estão exigindo provas de que a vida continua. [...] A razão básica de minha tentativa de provar minha própria identidade está em que eu, que vivi uma remota existência terrena, posso ainda me comunicar.

Nesta, como em numerosas outras oportunidades durante o tempo em que se comunicou com o dr. Wood, Nona reitera com destaque a sua existência no Egito antigo, mas se mantém reticente com relação aos trinta e três séculos intercorrentes. Parece admitir uma ou outra encarnação intermediária, mas, pelo menos no texto do dr. Wood, não encontro convicção dela a respeito ou, sequer, desejo manifesto de debater o problema. Minha impressão é a de que prefere ser considerada como entidade que, desde a morte como Telika, no Egito dos faraós, encontra-se na dimensão invisível, como espírito desencarnado. O que, aliás, é também a tese predileta do dr. Wood, de seu pai e de seu irmão, como vimos. É este mesmo, afinal de contas, o conceito predominante no espiritualismo, tradicionalmente resistente à doutrina das vidas sucessivas.

Ainda nessa fala, Lady Nona passa a impressão de que a vida, para ela, pode ser uma única. Vejamos:

Muitos pensam que após algum tempo [depois da morte] o espírito humano se desfaz gradualmente e é reabsorvido pela Fonte Central da Vida. Se isto acabará acontecendo comigo, não posso dizer. Não sei do meu futuro mais do que vocês sabem dos seus, mas estou aqui agora para testemunhar que ainda existo.

E para concluir:

A outra razão do meu contato com a terra foi a de transmitir alguns dos ensinamentos e conhecimentos adquiridos no decorrer de minha longa existência. Todas as demais formas de manifestação psíquica estão fora de meu interesse. Depois que nós três tivermos entregado uns poucos livros ao mundo, nosso trabalho estará concluído e jamais voltarei a entrar em contato com a terra.

Como estamos observando, Lady Nona parece convicta de que sua única existência na carne teria sido como Telika, no século XIV antes do Cristo e, daí em diante, como espírito, na dimensão póstuma. É também essa, no meu entender, a postura que sublinha, como vimos, as suas várias alusões ao Cristo, que ela trata com evidente respeito – "reverência" é a palavra do dr. Wood –,[105] mas como de alguém que, por ter vivido séculos depois, ela apenas teria ouvido falar, sem ter sido exposta diretamente ao pensamento dele.

Creio oportuno determo-nos por alguns momentos neste ponto para uma exploração preliminar no comentário de Nona, segundo o qual, concluída a tarefa de resgate do egípcio falado, ela e seus companheiros estariam liberados para nunca mais renovarem qualquer contato com a terra. Segue-se uma longa fala, na qual a entidade expõe algumas de suas ideias sobre a vida.

Segundo ela, constitui ponto fundamental de todo o nosso processo evolutivo entender o quanto é insignificante – infinitesimal, diz ela – o papel que a vida terrena desempenha no contexto de nossa "longa existência". A consciência da breve transitoriedade da vida nos proporcionaria condições para enfrentar os momentos mais difíceis, mantendo-nos na consoladora certeza de que, terminada essa fase, estarão abertos diante de nós os luminosos portais de uma vida muito mais ampla e rica de possibilidades e realizações. Seria preciso, para isso, que todos estivessem preparados para saber que "a servidão [à matéria] é tão curta e a existência tão longa!" O aprendizado, ensina ela, pode ser feito de maneira intensiva, concentrada, ou durar largo tempo, dependendo da vontade de cada um, de vez que temos pela frente um "tempo infinito para viver". Acontece, porém, que "as perspectivas dos seres terrenos encontram-se completamente erradas". É preciso lutar para que as algemas que tolhem o progresso sejam deixadas para trás e, para isso, é necessário desprender-se das coisas terrenas.

Segue-se o elogio do amor, a força mais potente da terra e, no entanto, tão mal direcionado e abusado por toda parte.

E prossegue, em parte:

O mundo de vocês está apenas começando a despertar para a nossa realidade. Naturalmente que estamos fazendo todo o possível para demolir as barreiras que nos separam. O trabalho de vocês, juntamente com o de outros, tem a ver principalmente com a demolição dessas barreiras. Desejamos que todos considerem o intercâmbio conosco coisa tão natural como escrever a um amigo em terra distante. Por toda parte somos inibidos por causa das condições adversas predominantes na terra. Às vezes é difícil para nós perseverar. Mas a derrubada dessas falsas barreiras entre um plano e o outro resultará em benefício final para os seres terrenos. Uma vez conscientes de nossa orientação, os grandes males do mundo cessarão.

É verdade que a realidade espiritual mal começa a chamar a atenção das criaturas e que o ideal estará a caminho quando forem "demolidas as falsas barreiras" que se levantaram entre os dois planos da vida, mas me parece um tanto otimista demais a visão de que a simples eliminação desses empecilhos no intercâmbio com os planos espirituais será suficiente para acabar com o mal. Muito trabalho coletivo e, principalmente, pessoal, individual, ainda haverá pela frente. Não há dúvida, porém, de que esse diálogo, por cima das fictícias divisórias entre uma forma de vida e outra, terá relevantes contribuições a oferecer ao processo evolutivo do ser e da comunidade humana por toda parte.

É em seguida a essa longa exposição que o dr. Wood coloca uma das primeiras falas de Nona acerca de Jesus.

– O Cristo mostrou o caminho às pessoas – declara ela –, mas, ainda que ele morresse mil mortes, nem assim poderia ter salvo uma única alma. No entanto, pelos seus ensinamentos, ele apontou o roteiro para milhões de pessoas. Bendito seja ele, para sempre!

Outras entidades, como a que se assina Tibério, também se pronunciam sobre isso, como tivemos oportunidade de ver. Esta, aliás, seria, provavelmente, uma das entidades às quais Lady Nona se refere, em mais de uma oportunidade, como seus guias espirituais e que parecem supervisionar o trabalho que ela executa no grupo por intermédio de Rosemary.

Por algumas dessas entidades deve ter sido ela recebida no mundo espiritual, ao qual aportou ainda em estado de confusão e desarmonia, por ter sido brutalmente eliminada por afogamento, depois de tentar deter, também por meio de assassinatos, a conspiração que ameaçava seu esposo e faraó. Ela mesma admite esse estado de desconforto, numa de suas conversas com o dr. Wood, ao dizer:[106]

O motivo pelo qual ainda me sinto ligada à terra deve-se ao fato de que, por causa de minha morte prematura, não aprendi as lições que o plano terreno tinha a me ensinar. Quando deixei esse plano, fiquei tão distante por tão longo tempo, que nunca visitei a terra e ignoro muito da história subsequente do meu país. Vivo agora uma existência bastante distanciada de qualquer contato com vocês e, quando terminar meu trabalho aqui, deixarei a terra para sempre.

De fato, os primeiros tempos no plano espiritual não foram nada agradáveis para a antiga Telika. Por um longo tempo ela esteve adormecida, a fim de recuperar-se das suas aflitivas dores.

Tanto quanto posso me lembrar, minha mais recuada recordação foi da dimensão mais próxima do mundo de vocês. Estive assim por um longo tempo, apesar de que minhas lembranças a respeito são muito vagas. Quanto ao faraó, ele teve muito que desaprender e muito que reaprender, e um longo caminho a percorrer, depois de haver deixado a terra, onde ele praticou muita violência. Contudo, a centelha do amor estava ali, presente. E cresceu com o correr dos anos e, agora, ele tem plena consciência de si mesmo e de nenhum outro. Agora, depois de todo esse tempo, nossos guias nos reuniram novamente, de vez que a amargura esvaiu-se de nossos espíritos e nada restou senão a doçura de um perfeito intercâmbio de alma e espírito. Um fortalece o outro e, quando meu trabalho com vocês estiver concluído, passaremos juntos a planos mais elevados de luz e serviço. O amor foi capaz de resgatar-nos dos mais profundos infernos.

Em outra oportunidade,[107] a entidade elabora um tanto mais esse tema, declarando que não se trata de uma fusão da personalidade do faraó com a sua, mas uma mesclagem, o que seria mais admissível, mas ainda assim de difícil aceitação no contexto das informações de que hoje dispomos sobre a realidade espiritual. Na ocasião em que ela assim se manifestou, consta de sua fala outra informação digna de nota:

O faraó e eu temos tarefas diferentes para executar, mas não somos mais o que fomos. Você sempre pensa em mim em conexão com a minha vida terrena no Egito antigo. Mas eu já passei há muito tempo da esfera de vocês e tive outras experiências desde então.

Mesmo aí, portanto, não encontramos uma declaração enfática acerca da reencarnação, e sim à velha doutrina das esferas ou planos e a referência a "outras experiências", não necessariamente durante reencarnações retificadoras ou de aprendizagem na terra. Ao contrário, o que há é a informação de que ela e o antigo faraó já haviam deixado a dimensão terrena, nisto incluído o ambiente físico, material, e o plano invisível, mas ainda integrante do contexto planetário.

O dr. Wood mostra-se convencido de que, há muito, Nona nada tem mais a ver com o plano terreno e apenas concordou em manifestar-se através de Rosemary/Vola a fim de realizar o trabalho da restauração linguística. Rosemary estaria também vivendo sua última encarnação terrena, uma vez concluída a sua tarefa no grupo. Quanto a ele, dr. Wood, teria, segundo seus guias, "ainda outro ciclo de vida a completar". Voltaria, mais tarde, como Mestre, no Oriente, quando a China, depois das "dores do parto", houver conseguido alçar-se a uma posição de grande destaque no mundo. Isso é até possível, mas são informações que devem ser consideradas com boa dose de cautela.

Nesse clima reminiscente, ela declara suas simpatias pela doutrina das "almas irmãs" que, na sua opinião, poderiam "eventualmente mesclar-se uma à outra e, dessa forma, produzir um perfeito espírito". Mais uma vez, não afina o meu pensamento com a hipótese formulada por Nona, por mais sedutora que seja e romântica. A perfeição dos espíritos não resulta de qualquer eventual e duvidosa fusão, e sim do longo e persistente trabalho pessoal de cada um para se purificar, mantendo intacta a sua identidade. Expresso, contudo, meus respeitos pelo que a antiga Telika considera sua "inclinação", ao analisar seu belo relacionamento afetivo com o antigo faraó. A gente fica até desejando que eles continuem juntos a percorrer a caminhada evolutiva. Dizem os entendidos que a dor diminui quando repartida, mas a felicidade, ao contrário, aumenta sempre que partilhada.

Através de seus guias, ainda no mundo espiritual, Lady Nona fora informada de que um dia reencontraria seu antigo esposo e faraó. Esses mesmos guias trabalharam para que os vínculos com a antiga Vola e o ex-general egípcio se mantivessem intactos, a fim de que, eventualmente, voltassem todos a servir juntos, desta vez a uma causa muito mais nobre, a de difundir os conceitos fundamentais da realidade espiritual. Não deixa de ser um tanto frustrante, contudo, pelo menos para mim, observar que eles ainda se revelam incertos quanto ao princípio natural da reencarnação, ao passo que até mesmo o conceito da imortalidade do ser fica reduzido, na linguagem do dr. Wood, à expressão "extended survival", ou seja, sobrevivência prolongada, o que vale dizer, finita, de longa, mas temporária, duração.

Por isso, me parecem um tanto exorbitantes as referências contidas no capítulo final de *This egyptian miracle*.

17 A REVELAÇÃO LINGUÍSTICA E A REALIDADE ESPIRITUAL – 2

Antes de encerrar este livro, julgo necessária e oportuna uma análise crítica de determinados aspectos, vitais ao entendimento do notável projeto desenvolvido pelo grupo liderado pelo dr. Wood. Faço-o com o devido respeito por esse trabalho e pelas pessoas 'vivas' e 'mortas' nele envolvidas. Mais que isso, atento a relevantes observações contidas no próprio estudo, em diferentes oportunidades, ao longo dos três livros escritos.

Pelo que se depreende de tais observações, os espíritos responsáveis pelo projeto consideravam a divulgação da realidade espiritual implícita nos trabalhos realizados pelo menos tão importante quanto "fazer o antigo Egito falar", quiçá de muito maior relevo. O impacto da revelação linguística parece ter sido programado apenas como instrumento ou veículo destinado a solicitar a atenção dos círculos culturais para a grande verdade subjacente de que a fenomenologia que possibilitou a proeza nada mais é do que o suporte de uma realidade muito mais ampla, obstinadamente ignorada.

Na minha avaliação pessoal, essa dramática realidade encontrou, paradoxalmente, resistências no contexto do próprio grupo de trabalho e nisto arrolo as entidades espirituais, Lady Nona inclusive.

Como pudemos observar, o dr. Wood revela-se, de início, menos preparado para o trabalho do que ele próprio supunha. Não demonstrava experiência suficiente na condução da tarefa de intercâmbio com as entidades e trazia consigo questionamentos e dúvidas doutrinárias ainda por resolver e que, de certa forma, mantém até o fim.

Um destes aspectos é o problema da reencarnação, sobre o qual sua posição é dúbia ou hesitante. Ao escrever This egyptian miracle, o último de sua trilogia, ele ainda se mostra cauteloso no trato da questão. Lemos aí[108] algumas reflexões suas sobre a hipótese de que Nona pudesse ter sido, em realidade, uma "personalidade secundária" da própria Rosemary, a médium, teoria, aliás, do agrado de muita gente até hoje, e que o doutor procura comentar, na expectativa de provável contestação dos descrentes e críticos de plantão. A propósito disso, escreve ele:

Eu ainda não excluí essa possibilidade ao testar as várias hipóteses, mas, conhecendo todos os fatos e tendo registrado todos os detalhes pertinentes, durante os últimos dez anos, estou bastante seguro de que a evidência indica outra direção. Nona não faz parte da personalidade de Rosemary.

Ou seja, ele manifesta sua preferência pessoal por uma das 'hipóteses', não uma convicção conclusiva e irreversível destilada dos inúmeros fatos observados ao longo de uma década, no trato com toda uma ampla faixa de fenômenos insólitos.

Tanto é ainda hesitante sua postura que ele prossegue:

O que complica o caso, e, não obstante, o torna mais interessante, é a descoberta de que Rosemary é a reencarnação de uma jovem síria, Vola, que foi contemporânea de Nona no Egito, há mais de 3300 anos.

Atenção para o que se segue:

Durante anos, não acreditei nisso, e também, penso eu, Rosemary. Mas a evidência foi se acumulando regularmente até que nós dois fomos compelidos a aceitá-la. Se estamos, hoje, convencidos desse fato é porque, da parte dela, o progressivo desenvolvimento mediúnico foi gradualmente abrindo as portas ao passado remoto, até que as lembranças daquela vida são agora tão nítidas para ela como as lembranças de sua própria infância nesta vida.

E mais:

No meu caso, a convicção me chegou a despeito da instintiva aversão por toda essa teoria da reencarnação e em razão da abundante evidência – entre as quais a xenoglossia é não menos importante – a provar o fato acima de qualquer dúvida razoável.

Como podemos perceber, o dr. Wood posiciona-se como um reencarnacionista relutante, forçado pela "abundante evidência" colhida no decorrer de uma década de convivência com os fatos, mas ainda fala em sua "instintiva aversão" pela "teoria". O leitor poderia até alegar que é bom para a segurança de um trabalho desses que o pesquisador ou estudioso parta de posturas descompromissadas, neutras ou até hostis a fim de, eventualmente, chegar a conclusões confiáveis. Melhor, talvez, do que o pesquisador que assume a tarefa já decidido a aceitar, sem restrições, premissas como a reencarnação ou qualquer outra desse porte. Isso pode realmente ocorrer, mas conceitos como a reencarnação ou a sobrevivência do ser, uma vez demonstrados ou razoavelmente inferidos das observações, escapam ao âmbito da crença ou das preferências e rejeições pessoais, para constituírem dispositivos da lei natural, nos quais tanto faz crer como não, que isso em nada lhes altera a essência. O que desejo enfatizar, contudo, é a evidência de que o grupo liderado pelo dr. Wood oferecia resistências e até declarada rejeição a aspectos fundamentais da realidade que lhes estava sendo demonstrada a cada momento.

Mesmo confessadamente convencido da "teoria" reencarnacionista, o dr. Wood ainda se revela reticente a respeito de sua própria identificação com o bravo general egípcio, que comandou a campanha que, entre outras elogiáveis proezas para a época, massacrou a família da jovem princesa e a trouxe como escrava e troféu de guerra para o Egito. Até que se compreende sua discreção, dado que não deve ser nada agradável, como sabemos todos de nossas próprias experiências passadas, ter um currículo algo perturbador como esse. Pelo menos é o que se lê no discreto relato em This egyptian miracle.[109] Numa das falas de Rosemary, surge o nome próprio Nimrick, que teria sido um dos subordinados do poderoso general, cujo túmulo, segundo Lady Nona, ainda está por ser descoberto e contém, entre as inscrições, o nome de Telika, a esposa babilônica do faraó Amenófis III.

– Foi esse – escreve Wood, sem se identificar – (o general) que saqueou a cidade síria onde Vola nasceu e teve sua infância, matou o pai e os irmãos dela em uma batalha e a levou como refém, para o Egito, juntamente com outros prisioneiros e o grande espólio da própria cidade.

Há outra referência à identidade Wood/Rama. Em 11 de maio de 1938, Lady Nona parecia tão eufórica e falastrona que o dr. Wood a estranhou, pensando tratar-se de alguma das outras enti-

dades, cujos nomes mencionou na oportunidade, mas não revela no livro. Quem estaria falando? E a entidade, em egípcio:
– Saudações! É Telika, o guia da moça. Quem você acha que é, Rama? Seria um vexame fazer o contato sem saudar Rama e Vola!

Em nota de rodapé,[110] o dr. Wood admite que Rama era o seu nome no Egito, segundo Nona e Vola, e comenta que, a despeito de não se lembrar dessa encarnação, aceita o testemunho, sobre o qual a evidência nos "Rosemary Records" é abundante.

E acrescenta:

Os estranhos mecanismos do destino, que, aparentemente, teriam juntado, uma vez mais, três indivíduos que se conheceram em existência anterior, nada têm a ver com a evidência linguística contida neste livro e, por essa razão, não serão comentados. Por outro lado, sabemos tão pouco ainda acerca do destino que seria prematuro descartar a história, considerando-a coincidência ou produto da imaginação, de vez que isso deixaria de levar em conta a xenoglossia.

Como se vê, portanto, no último livro da série, ele ainda se mostra incerto sobre a validade da reencarnação. Admite preliminarmente, a hipótese, mas ressalva, logo em seguida, que não se sabe o suficiente acerca da questão. É inaceitável, no meu modo de ver, a sua observação de que o reencontro das três pessoas que se teriam conhecido no Egito nada tem a ver com a evidência linguística. Ao contrário, tem tudo a ver. A revelação histórico-linguística somente se concretizou no trabalho porque tem como suporte a realidade espiritual subjacente, na qual se incluem, com destaque, o conceito de sobrevivência do ser e o de reencarnação, além de outros, como a comunicabilidade entre vivos e mortos e a persistência da memória integral. Na verdade, como está dito mais de uma vez no livro, o ponto relevante do trabalho não é propriamente a evidência linguística, mas a realidade espiritual, que Lady Nona insiste em que seja amplamente difundida. Isso tem o apoio de um fato concreto, a clara demonstração de como era falada a língua dos faraós, que até então só se conhecia da elegante, porém muda, imagem dos hieróglifos.

Que me perdoe o dr. Wood, por quem tenho reiterado minha admiração e respeito, mas ele parece não ter adotado com suficiente convicção o pensamento de Lady Nona, segundo a qual o importante era a realidade espiritual subjacente e não propriamente a revelação linguística. Para isso fora elaborado e posto em prática aquele projeto que partia, precisamente, da condição de que pessoas que se conheceram no antigo Egito reunir-se-iam novamente para viabilizar a tarefa.

Se me pedirem, portanto, um parecer conclusivo sobre o trabalho do dr. Frederic H. Wood e de sua devotada equipe, eu diria, quanto à restauração da língua falada pelos faraós: excelente! A realidade espiritual embutida no projeto, como sua principal prioridade, também ficou satisfatoriamente evidenciada, por ser da essência mesma da tarefa. Do contrário, a demonstração histórico-linguística seria inviável. No meu entender, faltou, porém, aos componentes do grupo convicção sobre as verdades que eles próprios viveram. Por isso, o testemunho produzido deixou de ter o esperado impacto.

De qualquer maneira, os escritos do dr. Wood documentam de maneira eloquente que a mediunidade pode e deve ser utilizada como instrumento de pesquisa nos arquivos invisíveis da história, ou seja, de tudo aquilo que ficou gravado para sempre na memória das pessoas que a viveram.

Notas bibliográficas

1. Hulme, Howard & Wood, Frederic. *Ancient Egypt speaks*, p. 24.
2. Wood, Frederic. *After thirty centuries*, pp. 89-98.
3. Idem, p. 64.
4. Idem, p. 51.
5. Durant, Will. *Nuestra herencia oriental*, p. 289.
6. Aldred, Cyril. *Akhenathen, pharaoh of Egypt*, pp. 106-122.
7. Chiang Sing. *Nefertite e os mistérios sagrados do Egito*, p..X.
8. Aldred, Cyril. *Op.cit.*, p. 60.
9. Idem, 157 e seguintes.
10. Idem, p .66 e seguintes.
11. Idem, idem, idem.
12. Durant, Will. *Op. cit.*, pp. 210-211.
13. Idem, p. 217.
14. Idem, p. 218.
15. Idem, p. 218.
16. *Encyclopaedia Britannica*, Verbete "Hatshepset or Hatasu", vol. 11, p. 250.
17. Durant, Will. *Op. cit.*, p. 219.
18. Idem, p. 205.
19. Idem, p. 231.
20. Idem, p. 220.
21. Idem, p. 274.
22. Aldred, Cyril. *Op. cit.*, p. 11.
23. Durant, Will. *Op. cit.*, p. 284.
24. Aldred, Cyril. *Op. cit.*, p. 182.
25. Idem, pp. 100-105.
26. Idem, p. 105.
27. *Bíblia de Jerusalén*, ed. Desclée de Brouwer, 1969, Barcelona.
28. Aldred, Cyril. *Op. cit.*, p. 133.
29. Durant, Will. *Op. cit.*, p. 285.
30. Idem, pp. 288-289.
31. Neubert, Otto. *Tutankhamun and the Valley of the Kings*, p. 158.
32. Idem, pp. 288-289.

33. Idem, p. 162.
34. Chiang Sing. *Op. cit.*, pp. 198-199.
35. Neubert, Otto. *Op. cit.*, p. 170.
36. Miranda, Hermínio C. "Bem-aventurados os Heréticos" in: *Reformador*, fev/1967, artigo assinado com o pseudônimo "João Marcus".
37. Aldred, Cyril. *Op. cit.*, p. 134.
38. Idem, p. 135.
39. Idem, p. 186.
40. Idem, p. 186.
41. Idem, p. 194.
42. Chiang Sing. *Op. cit.*, p. 8.
43. Idem, pp. 48-49.
44. *Encyclopaedia Britannica*, verbete "Nubia", vol. 16, p. 584, ed. 1962.
45. Idem, verbete "Egypt", vol. 8, p. 59, ed. 1962.
46. Aldred, Cyril. *Op. cit.*, p. 71.
47. Wood, Frederic. *After thirty centuries*, p. 45.
48. Hulme, Howard & Wood, Frederic. *Ancient Egypt speaks*, p. 42.
49. Aldred, Cyril. *Op. cit.*, p. 178.
50. Idem, p. 41.
51. Wood, Frederic. *After thirty centuries*, pp. 57-58.
52. Idem, p. 57.
53. Idem, p. 59.
54. Hulme, Howard & Wood, Frederic. *Ancient Egypt speaks*, p. 39.
55. Idem, p. 42.
56. Idem, p. 125.
57. Wood, Frederic. *This egyptian miracle*, p. 48.
58. Idem, pp. 178-179.
59. Durant, Will. *Op. cit.*, pp. 241 e seg.
60. Idem, p. 245.
61. Idem, p. 243.
62. Idem, p. 243.
63. Idem, p. 244-245.
64. Wood, Frederic. *After thirty centuries*, pp. 67-74.
65. Idem, p. 67.
66. Aldred, Cyril. *Op. cit.*, p. 157.
67. Bligh Bond, Frederick. *The gate of remembrance*.
68. Goodman, Jeffrey. *Psychical archaeology*, p. 98.

69. Aldred, Cyril. *Op. cit.* p. 136.
70. Emmanuel/Xavier, Francisco Cândido. *A caminho da luz*, p. 29.
71. Idem, p. 37.
72. Durant, Will. *Op. cit.*, p. 278.
73. Durant, Will. *The age of faith*.
74. Miranda, Hermínio C. *O que é fenômeno mediúnico*, p. 21-26.
75. Emmanuel/Xavier, Francisco Cândido. *Op. cit.*, p. 28.
76. Idem, p. 49.
77. Wood, Frederic. *This egyptian miracle*, p. 197.
78. Idem, pp. 82-83.
79. Idem, pp. 91-92.
80. Idem, p. 98.
81. Hulme, Howard & Wood, Frederic. *Ancient Egypt speaks*, pp. 58-89.
82. Idem, p. 67.
83. Idem, pp. 79-84.
84. Idem, p. 85.
85. Idem, p. 85.
86. Idem, p. 86.
87. Idem, p. 81.
88. Idem, p. 88.
89. Idem, p. 155.
90. Miranda, Hermínio C. *O evangelho gnóstico de Tomé – texto e contexto*.
91. Wood, Frederic. *This egyptian miracle*, pp. 117-119.
92. Cottrell, Otto. *The mountains of pharaoh*, p. XI.
93. Hulme, Howard & Wood, Frederic. *Ancient Egypt speaks*, p. 92.
94. Idem, p. 93.
95. Miranda, Hermínio C. "O cinquentenário de Lady Nona" in: *Reformador*, out/78, pp. 318-324.
96. Hulme, Howard & Wood, Frederic. *Ancient Egypt speaks*, p. 25.
97. Idem, p. 24.
98. Hulme, Howard. *This egyptian miracle*, p. 209.
99. Hulme, Howard & Wood, Frederic. *Ancient Egypt speaks*, p. 56.
100. Hulme, Howard. *This egyptian miracle*, p. 111.
101. Hulme, Howard & Wood, Frederic. *Ancient Egypt speaks*, p. 173.
102. Idem, p. 164.
103. Hulme, Howard. *This egyptian miracle*, p. 203.
104. Hulme, Howard. *After thirty centuries*, p. 14.

105. Idem, p. 17.
106. Idem, p. 82.
107. Hulme, Howard. *This egyptian miracle*, p. 208.
108. Idem, p. 34.
109. Idem, p. 55.
110. Idem, p. 138.

Referências

ALDRED, Cyril. *Akhenaten, pharaoh of Egypt*. Sphere Books, 1972,London.
ANJOS, Luciano dos & MIRANDA, Herminio C. *Eu sou Camille Desmoulins*, Publicações Lachâtre, 1993, Niterói.
BALSIGER, David & SELLIER Jr., Charles E. *The Lincoln conspiracy*. Schick Sunn, 1977, Los Angeles.
BLIGH BOND, Frederick. *The gate of remembrance*, Thorsons, 1978, Wellingborough, Northamptonshire.
BRUNTON, Paul. *O Egito secreto*. Trad. Zôfia de P. Gaffron, Pensamento, 1962, S.Paulo.
CHIANG SING. *Nefertite e os mistérios sagrados do Egito*. Rodemar, 2ª edição, sem data, Rio de Janeiro.
COTTRELL, Leonard. *The lost pharaohs*, Pan Books, 1972, London.
_____. *The mountains of pharaoh*. Rinehart, 1956, New York.
DURANT, Will. *Nuestra herencia oriental*. Trad. C.A.Jordana, Editorial Sudamericana, 1952, Buenos Aires.
_____. *The age of faith*. Simon & Schuster, 1950, New York.
EMMANUEL/XAVIER, Francisco Cândido. *A caminho da luz*, FEB, 1967, Rio de Janeiro.
ENCYCLOPAEDIA BRITANNICA. William Benton, 1962, Chicago, Londres, Toronto, Genebra.
FODOR, Nandor. *An encyclopaedia of psychic science*. Citadel Press, 1966, Secaucus, New Jersey.
GOODMAN, Jeffrey. *Psychical archaeology – time machine to the past*. Berkeley, 1977, New York.
GRANT, Joan. *Lord of horizon*. Corgi Books, 1975, London.
_____. *The eyes of Horus*. Corgi Books, 1975, London.
_____. *So Moses was born*. Corgi Books, 1978, London.
_____. *The winged pharaoh*. Corgi Books, 1975, London.
HOLZER, Hans. *Window to the past: exploring history through ESP*. Pocket Books, 1970, New York.
HULME, A. J. Howard & WOOD, Frederic H. *Ancient Egypt speaks*. Rider, 1937, London.

LORENZ, Francisco Waldomiro. *A voz do antigo Egito*. FEB, 1948, Rio de Janeiro.

MIRANDA, Herminio C. *O que é fenômeno mediúnico*. Correio Fraterno do ABC, 1990, S. Bernardo do Campo.

_____. *Processo dos espíritas*. FEB, 1975, Rio.

_____. *A memória e o tempo*. Publicações Lachâtre, 1994, Niterói, RJ.

_____. *O evangelho gnóstico de Tomé – texto e contexto*. Publicações Lachâtre, 1994, Niterói.

_____. *Cristianismo, a mensagem esquecida*. O Clarim, 1988, Matão.

MOREUX, Abbé. *A ciência misteriosa dos faraós*. Trad. Freire Gouvêa, Livraria Progresso, 1956, Salvador.

NEUBERT, Otto. *Tutankhamun and the Valley of the Kings*, Mayflower, 1972, London.

PAGELS, Elaine. *The gnostic gospels*. Random House, 1979, New York.

PODMORE, Frank. *Mediums of the 19th. century*. University Books, 1963, New Hyde Park, New York.

PRICE, Harry. *Fifty years of psychical research*. Longmans & Green, 1939, Londres, New York, Toronto.

_____. *Confessions of a ghost hunter*. Causeway Books, 1974, New York.

PUHARICH, Andrija. *The sacred mushroom – key to the door of eternity*. Doubleday, 1974, New York.

VANDENBERG, Philipp. *The curse of the pharaohs*. Trad. Thomas Weyr, Pocket Books, 1977, New York.

WOOD, Frederic H. *After thirty centuries*. Rider, 1935, London.

_____. *This egyptian miracle*. Psychic Books Club, 1939, London.